Paul von Stetten

Briefe eines Frauenzimmers aus dem 15. Jahrhundert

Nach alten Urschriften

Paul von Stetten

Briefe eines Frauenzimmers aus dem 15. Jahrhundert
Nach alten Urschriften

ISBN/EAN: 9783743470385

Hergestellt in Europa, USA, Kanada, Australien, Japan

Cover: Foto ©ninafisch / pixelio.de

Weitere Bücher finden Sie auf **www.hansebooks.com**

Briefe
eines
Frauenzimmers,
aus dem
fünfzehenden Jahrhundert.

Nach alten Urschriften.

Augsburg, 1777.

Bey Conrad Heinrich Stage.
Churfürstl. Baierisch. Akadem. Buchhändler.

Vorbericht des Herausgebers.

Diese Briefe sind sehr lange Zeit, unter einem großen Hauffen alter Schriften und Papiere, verborgen, und in der grösten Gefahr gewesen, von Wurm und Moder verzehrt zu werden. Sie lagen in einem großen Schubladen=Kasten, in welchem alle Schriften aufbehalten waren, die von meinen Vorfahren auf mich gekommen sind. Eine besondere Arbeit veranlaßte mich, diese Schriften durchzugehen, und da fand ich auch diese Briefe. Ich wußte lange nicht, was ich daraus machen sollte. Ich hielte sie würklich für erdichtet; dann es kam mir ganz unglaublich vor, daß es zu Anfang des 15ten Jahrhunderts in Deutschland zwey Frauen sollte gegeben haben, die Briefe wechselten, und folglich schreiben konnten. Ich las sie mit gröster Begierde. Je mehr ich las, je mehr fand ich Wahrscheinliches; ich fieng an, an der Gewißheit nicht mehr zu zweifeln, jedoch glaubte ich, darinn ein Wunder entdeckt zu haben. Der Styl, die Rechtschreibung, der Zug der Buchstaben, Papier und die Weise zu siegeln, kamen vollkommen mit denen von diesen Zeiten überein. Die Geschichte von Ritter Mar-

Marquards Tod, war mir so gut bekannt, als viele andere, deren darinn gedacht wird; ich konnte also keinen Anstand nehmen, sie für richtig und wahr zu halten. Ich entdeckte auch den natürlichen Weg, wie sie in mein Geschlecht gekommen, gar bald. Meine Vorfahren waren ehedem mit dem alten und angesehenen Geschlecht der Vetter in Donauwerth nahe verwandt. Da dieses ausgestorben, kamen alle ihre Briefe und Urkunden an uns; allein sie lagen sehr lange da, als eine Sache, die zu nichts mehr diente. Diese Briefe waren an die Frau Teutiche Vetterinn, Frizen des Vetters Ehefrau, geschrieben. Sie war aus dem uralten längst ausgestorbenen Geschlecht der Schongauer von Augspurg; ihre Schwester aber war in Augspurg an Jos Onsorgen verheurathet. Ihre Freundinn, von welcher diese Brifee geschrieben worden, war eine Tochter eines sehr angesehenen Mannes und Burgermeisters zu Augspurg, Lorenz des Egens. Seine Vorfahren hatten sich von Argon geschrieben, sein Großvater hatte den Nahmen Egen angenommen, sein Sohn Peter aber, hat den

alten

des Herausgebers.

alten Nahmen von Argon wieder hervorgesucht und geführet. Unsere Frau Elisabeth hatte Heinrich Rh*** geheurathet, allein er starb gar bald. Was sich alsdann mit ihr ereignet, das zeigt sich aus diesen Briefen. Unsern alten Chronickschreibern ist die Geschichte nicht unbekannt. Man findet in allen, daß Marquard v. Sch*** als Bräutigam, von Kunzen von W*** erschlagen worden, und daß hernach seine Braut den Ritter Hans von K*** geheurathet. Allein wir haben keinen, der ein Zeitgenoß von dieser Geschichte gewesen, und diejenige, welche hundert Jahr hernach gelebet, sind zu bedauren, daß sie diese Briefe nicht in Händen gehabt haben. Sie müssen also daraus, zumahl in Ansehung der Zeitrechnung, verbessert werden. Die Briefe sind in den Jahren 1417. 1418. und 1419. geschrieben. Im ersten Jahr ist Heinrich Rh*** gestorben. Im zweyten hat sich seine Wittwe an Marquard von Sch*** verlobt, der an St. Elisabethen Tag erschlagen worden, und im dritten hat sie den von K*** geheurathet. Es ist daher ein grosser Fehler, wenn sie

sie schreiben, der Todschlag an Ritter Marquard sey im Jahr 1408. geschehen. So geben sie ihnen auch falsche Nahmen, und nennen den Sch**** Burckart, und den Rh*** Conrad. Daß es aber im Jahr 1418 geschehen, ist daraus sehr klar, weil es eben in dem Jahr geschah, da Kayser Sigmund den Geschlechter Frauen Ringe ausgetheilt. In Ansehung des Turniers, bey welchem sich Georg R* hervor gethan, haben sie sich nur um ein Jahr geirret; dann sie setzen es in das 1416te, es war aber, wie sich aus diesen Briefen zeiget, ein Jahr späther. Daß sie sich, in Ansehung der Stiftung von St. Antons Pfründ, und der Pathenstelle des Kaisers geirret, das will ich ihnen, als Kleinigkeiten, gerne vergeben, daß sie aber die Eroberung des Schloßes Villenbach in das vorhergehende Jahrhundert gesetzt, ist fast nicht zu verzeyhen, da man sieht, daß sie eine Folge von dem an Ritter Marquard begangenen Todschlag gewesen. Ich komme fast auf die Gedanken, daß dieses Schloß nach der ersten Zerstörung wieder erbauet, und alsdann im Jahr 1418. zum zweytenmahl gänzlich zerbrobrochen worden. Allein, so geht es allen Geschichtschreibern, die keine Zeitgenossen sind, und an brieflichen Urkunden Mangel leiden. Ich habe mir viele Mühe gegeben, in den Archiven des Ritter Hanßens Bericht an E.E. Rath aufzusuchen, allein die Nachläßigkeit der alten Zeiten, ist ohne Zweifel Schuld daran, daß er verlohren gegangen, welches ich sehr bedaure, weil er der Gewißheit meiner Briefe ein besonderes Gewicht gegeben haben würde. Es werden also diese Briefe zu Ausbesserung unserer Geschichte keinen geringen Nutzen haben, nicht nur in der Zeitrechnung, sondern auch vornehmlich in der Geschichte der Sitten dieser Zeiten, und der Ritterschaftlichen und Burgerlichen Geschlechte. Man siehet daraus, wie man mit einander geredet hat und umgegangen ist, wie man sich belustiget, gescherzet und gekämpfet hat. Ich zweifle, ob ein so ausführliches Denkmahl, als dieses, von diesen Zeiten sonst vorhanden ist, und schätze mich sehr glücklich, daß es mir in die Hände gekommen, um mein und anderer Erkänntniß von diesen Zeiten, und ihren Sitten, dadurch erwei-

erweitern zu können. Die Schreibart, ungeachtet ich sie da und dort ausgebessert habe, ist nicht nach der heutigen Art. Man kann dieses gar leicht vermuthen; indessen ist sie ein Meisterstück von einem Frauenzimmer dieser Zeiten. Die Rechtschreibung hab' ich ändern müssen, weil sie nicht nur von der unsern ganz und gar, sondern auch von der alten in manchen Stücken abgegangen ist, daher ich öfters stark nachdenken müssen, was man haben wollte, zumahl, wo die Schrift etwas vergangen, oder das Papier angegriffen gewesen. Allein, einem Frauenzimmer sind solche Fehler gar nicht übel auszulegen, und Frau Elspet bleibt deßwegen dennoch ein Wunder ihrer Zeiten. Ich hoffe, meine Mitbürger werden diese Briefe geneigt aufnehmen, da sie dadurch vortrefliche Einsichten in die alte Geschichte ihres Vaterlands erhalten, und ganz Deutschland, zumahl auch die Gelehrten, die sich um die Alterthümer und um die Sitten und Geschichte der mittlern Zeiten bekümmern, sollen mir für meine Mühe vielen Dank wissen.

1. Am Donnerstag nach St. Annen Tag.

Hab tausend Dank, meine liebe Teutsche, um das Mitleiden, das du für mich hast. Bin ja wohl Mitleidens werth: dann ich iezt 22 Jahr alt, vor einem Jahr mich mit meinem Hainzen, Gott tröst ihn, verheurathet, kaum aus den Wochen gegangen, und jezt Wittfrau bin. Heilige Mutter Gottes wie das so betrübt ist für mich! Hab einen Mann gehabt, mit dem ich gar tugendlich und freundlich gelebet hab, und hat er mich auch recht sehr lieb gehalten, das ich von ihm sagen muß, und jezt stirbt er, nachdem ich kaum ein Jahr mit ihm bin glücklich gewesen. Dann das ist wohl ein großes Glück, wann Ehegemächte einander recht lieb haben, und das haben wir gethan.

gethan. Aber jezt ist es wohl recht traurig, und weiß ich kaum wie ich es mache, daß ich mich nicht zu Tod wein. Wann mir nicht die h. Maria, und der P. Joseph, und mein Bruder, und meine Schwägerin, beygestanden wären in meinem Schmerzen, so wär ich wohl verzweyfelt, und wohl tod vor Trauren. Aber die haben mich getröstet, und sich meiner, und meines lieben kleinen Hainzen erbarmet, das ihnen Gott reichlich vergelten wolle. Ach das lieb kleine Kind ist seinem Vater so gleich, als wann er es selbst wär! Aber ich bin mir gar nicht mehr gleich, bin verzehrt und ungestalt, und die Zähren haben mir meine Augen verderbt, daß sie ganz roth sind. Thut mir auch weh zu schreiben, aber doch schreib ich gerne. Nimm mir nur nicht übel, wann auf dem Brief Flecken von Zähren, dann ich sie nicht zurück halten kan. Wünsche, daß du und Ritter Fritz dein lieber Mann, nie keinen solchen Schmerz erfahren möget, und daß ihr so lange froh mit einander lebet als es möglich ist. Aber für mich wird wohl keine Freude mehr auf der Welt seyn, da mein Mann tod ist, und wann mich nicht

mein

mein Kind zurück hielt, so wär ich schon in ein Kloster gegangen, und hätt ihr gar abgesagt. Aber das hält mich ab, sonst sollt es ganz gewiß geschehen seyn. Und ist mein Bruder auch darwider, und meine Schwägerin auch. So meynt aber der P. Joseph, ich könnt doch darein gehen, für mein Kind würd Gott auch sorgen. So will ich doch hören, was du dazu sagst, meine liebe Teutsche. Schreib mir bald was du meynest, dann ich guten Rath wohl noth habe. Bin aber bald selbst böß über mich, daß ich so viel schreib, dann ich mich fast schäme, weil ich glaub, daß in ganz Augsburg die einige Frau bin, die schreiben und lesen kann, und förcht, man möcht über uns lachen, daß wir an einander schreiben. Dann ich glaub daß in ganz Werd außer dir auch nicht eine ist die schreiben und lesen kan. So thut es mir aber wohl, wann ich an dich schreib, und macht mirs leichter, dann du nicht glaubst, wie lieb ich dich habe, meine liebe Teutsche. Das macht daß wir mit einander aufgezogen, auch nahe gesippt, und immer Gespiehlen gewesen. Aber wann ich wieder an meinen Mann denk, so ists, als wann das

Herz

Herz in Stücke müßt. Muß iezt aufhören. Schreib mir nur bald, denn ich sehr darauf warte.

2. Montag nach St. Affren.

Hab deinen Brief richtig bekommen, meine liebe Teutiche, und hat er mich wohl recht gefreut. Dann wann mich auf der Welt noch etwas freuen kan, so ists, daß du mich lieb hast, und daß mein Bruder und meine liebe Schwägerin mich auch lieb haben, die wohl ein recht gutes Weib ist, und dir ihren herzlichen Gruß sagen läßt; dankt dir, daß du mir den Rath giebst, nicht ins Kloster zu gehen, das aber ich dir nicht ganz danke. Zwar ist alles wahr, was du schreibst, aber die Welt mir gar zuwieder ist, seytdem mein Mann tod ist. So ist mein Bruder gar witzig mir die Zeit zu kürzen, hilft aber alles nicht; Wann ich auch nicht wein, da ich bey ihnen bin, so thu ichs doch, wann ich nach Hauß komm. Und wann ich mein Kind seh, so wein ich, und wann ich allein an den Tisch sitz und eß, das ich ungern thun mag, so wein ich, und wann ich in den Hof seh und seh das RitterPferd seh und hör es nur wiehern, so wein ich, und wann ich die Rüstung seh, so wein ich, und wann ich schlaffen will, kan ich vor Zähren kein Aug zuschliessen, und so geht es einen Tag wie den andern, und da weiß ich nichts anders, als daß ich geh in meine Kappel und beth meinen Rosenkranz, da wirds mir doch leichter. Aber die Welt ist mir gar zum Eckel, den ich nimmer ertragen kan, aber mein Kind kan ich auch nicht verlassen. Wann nur nicht jetzt so kurze Tag kämen. Gehab dich wohl liebe Teutiche, und schließ mich in dein Gebeth ein.

3. Am Donnerstag nach des heil. Creuzes Tag, da es erhöhet ward.

Bin fast ein wenig bös auf dich, liebe Teutiche, daß du schreibest, mein Trauren und Wehklagen werde sich schon das geben. So meynst du das wohl, daß ich wie andere Wittfrauen seyn werd, die ihre Männer nicht lieb gehabt haben? Weiß aber noch leider nicht, daß mirs bas um das Herz wär, wann ich schon das tifeste Leid jetzt abgelegt hab. Ist
mir

mir noch so schwer, wie die erste Woche, da mein lieber Mann, Gott tröst ihn, gestorben ist. Das dank ich der h. Mutter Gottes, daß mein Kind wohl auf ist, und daß meine Befreundete viel auf mich halten. Halte wohl auch recht viel auf meine Schwägerin. Die ist schwanger und ist das meinem Bruder eine grosse Freude. Ist auch ein recht frommer Mann. Da hat er jezt die Stifftung die mein Vater, dem Gott eine fröhliche Urstånd verleyhen wolle, bey St. Antonien gemacht, reichlich vermehret, davor ihn Gott segnen wolle. Wann er nur nicht so hizig und ein wenig stolz wär, wie die Leuth sagen, dann mit mir er recht gut ist. Hat aber ein jeder seine Fehler, und wollt ich ihn wohl lieben, wann er noch mehr hätt. Ist eben reich, und hat immer fürnehme Aemter, da man leicht eitel dabey wird. Hab ihm das selbst schon gesagt, was die Leuth sagen, glaubts aber nicht. Leb wohl.

4. Am Donnerstag vor St. Catharinen Tag.

Ach noch immer ist es im alten, meine liebe Teutsche. Ist offt als wann mir

das

das Herz im Leib springen wollt vor Jammer und Herzeleid. Mein Kind ganz allein macht mir manchmal, daß ich's tragen kan. Da waren vor acht Tagen so schöne Herbsttage, da hat es mein Bruder nicht anderst gethan, und hab mit ihm und mit seinem Weib auf unser Gut gehen müssen, war aber dort nur ärger, und ist mir wo ich hingesehen, mein Mann vor Augen gewesen, und hab ich mehr geweint als in der Stadt, und ist mir noch dazu angst und bange gewesen, weil ich mein Kind nicht bey mir gehabt hab. Bin jezt wieder bey ihm, und freut mich recht, daß ich da bin. Sagt mein Bruder immer, soll doch r   unter die Leuth gehen, bin aber darunter nichts nüze. Size da, wie wann ich stumm wär, und da denk ich an meinen Mann, tröst ihn Gott, und red kein Wort, und wann ich antworten soll, so weiß ich nicht, was man mich gefragt hat, da bin ich lieber daheim, wann man mich nicht sehr dringet, wie sie offt thun, das mir sehr wiedrig ist, wiewohl sie es gut meynen. Förchten uns hier vor einem Krieg, das wohl hart wär, wann er ausbräch. Du weißt wohl was unser Vetter Jörg N* für

Händel

Händel hat mit dem N***, wegen Zusmarshausen. Jezt wollen sich die Herzoge in Bayren des N*** annehmen, und haben schon unsern Kauffleuthen Güter weggenommen, weil sich der Rath des R** annimmt. Gott helffe uns daraus, dann sonst es schlecht aussehen möcht. Der R* ist eben auch ein wenig gewaltthätig gewesen, das ich nicht anderst sagen kan. Sagt aber mein Bruder, daß man ihn doch nicht könn stecken lassen. Wollt daß gar kein Unfried und Urlug in der Welt wär. Wann jezt mein Hainz noch lebte, müßt er auch dazu, da hätt ich auch Sorgen, wann ich ihn fort lassen müßt, aber ich hätt doch auch Hoffnung, die ich jezt nicht mehr hab, das wohl betrübt ist. Gehab dich wohl, will dir bald wieder schreiben, daß du ohne Sorgen bist, dann ich weiß daß viele Leute hier sind, die du lieb hast.

5. Am Donnerstag nach dem Obristen Tag.

Gelobt sey Gott und die heil. Jgf. Maria seine Mutter, daß wir jezt keine Sorge mehr haben wegen dem Krieg. Dann der R* und

und der N * * * ſich verglichen und bleiben die gnädige Fürſten von Bayren unſerer Stadt Freunde, und iſt mein Bruder Taidinger unter ihnen geweſen, und hat das verrichtet. Heißt iezt, daß die Herzoge Wilhelm und Ernſt ſelber hieher kommen wollen, und ſollen auch andere von Adel und aus Städten hieher kommen, daß ein großer Hof ſeyn wird, und wollen die Herzoge ein Stechen anſtellen, wo mein Hainz, tröſt ihn Gott, gewiß auch dabey wär, wenn er noch lebte, dann das ſeine größte Freude war. Aber ach! alle Freud iſt für ihn und für mich verſchwunden. Begehr nichts davon zu ſehen. Wird mir immer neu, ſo oft etwas der Art ſey. Habe dir heute nur geſchrieben, damit du weißt, daß es keine Noth mehr hat. Wünſchte Ritter Fritz käm auch hieher, und nähm dich mit, weiß aber wohl daß du nicht von deinen Kindern abzubringen biſt, ſonſt köntet ihr bey mir Einkehr halten, das mir mein Trauren wohl lindern ſollte. Wann ihr nicht kommt, ſo will ich euch doch alles mit mehrern Worten ſchreiben, dann das mir gar wohl thut, und mir das Herz leicht macht, wann ich ſchreibe.

B 6. Am

6. Am Montag vor Faßnacht.

Ist mir gar leid, daß du mir schreibst, daß Ritter Fritz an schwerer Gebreste gelitten, da ich ihm es nicht übel nehmen kan, wann er zum Stechen nicht hat kommen mögen, wünsche daß er bald von allem Siechthum völlig genesen möge. Nun ist das Stechen heut gewesen, wovon ich nichts gesehen, als das auf- und abreiten. War ein grosser Lermen in der Stadt, und haben die Herzoge viel ihrer Höflinge mitgebracht, und auch Frauen mitgenommen. Auch sind viel aus Städten gekommen, die zum Theil geschickt worden sind, um der Stadt zum Frieden Glück zu wünschen, und sind die von Regenspurg mit 110 Helmen eingezogen. War ein schöner Zug den sie machten, vom Weinmarkt auf den Fronhof, und waren die Herzoge stattlich gerüstet. Und wie sie heimzogen, ritt Jerg N* gleich hinter den Herzogen, und kannt ich ihn, an der schwarzen Kuh, die er auf dem Helm führt. Sind jezt auf dem TanzHauß, und werden da die Danck ausgetheilt, und hernach wird getanzt werden. Hab mich auch auf Tänze sonst gefreut, hat sich aber alles verkehrt und meyn ich, wann nur

nicht

nicht davon reden hören dürft, ist mir alles so
eckelhaft. Bin heut ganz allein daheim, dann
mein Bruder und meine Schwägerin auch beym
Tanz seyn müssen, wird ihr wohl schwer werden bey ihren Umständen, ist aber eine Erz-
tänzerin und geschieht ihr recht, wenn sie müd
wird, dürfft es nur bleiben lassen. Muß jezt
schliessen, weil der Bott bald geht. Kann
doch seyn, daß ich morgen nach der Meße zu
meiner Schwägerin geh, und hör wie alles
gegangen ist, nicht eben aus Fürwitz, nur um
zu sehen, ob sie sich nicht weh gethan hat
durchs tanzen, das mir wohl leid wär, weil
ich sie gar lieb hab. Und was ich hör, das
sollst du wissen, so bald wieder ein Bott geht.
Gehab dich wohl meine liebe Teutsche, und sey
nicht auf mich böse, daß ich dir so oft schreibe.

7. An St. Dionysien Tag.

Ist mir recht lieb, daß du mir schreibst, daß
du meine Briefe gerne lesest, so schreib
ich noch lieber und will dir heut einen wohl
langen Brief schreiben. Hab jezt einen Tag
gehabt, der mir leichter gewesen, wiewohl ich

recht viel geweinet hab. Ist sehr viel von meinem Hainz geredet, und er gar sehr gelobt worden. Bin den Tag nach dem Stechen, nach der Meße, zu meinem Bruder gangen, und hab seine Frau heimgesucht, die ganz wohl auf gewesen und ihr der Tanz gar wohl bekommen ist. Da ich nun da war, da haben sich drey Ritter ansagen lassen, die meinen Bruder heim-suchen wollten, da wollt ich gehen, sie ließen mich aber nicht hinweg. Und waren die drey Ritter Marquard von S***, Hans von K*** und Cunz von W***. Die haben meinen Bruder besucht, dann er gar geehrt und ange-sehen ist unter der Ritterschafft. Item da spra-chen sie vom gestrigen Stechen, und da hört ich, daß Herzog Wilhelm gar stattlich gesto-chen, daß sich auch kein anderer mehr an ihn wagen wollen, doch hab auch Jörg R* stark um sich gestossen, und manchen aus dem Sat-tel gehoben. Das hab der Herzog gesehen, und da hab er geschrieben, wer dann die schwarz Kuh sey, die so um sich stoß, und hab gesagt, er woll auch mit ihr stossen, das sagt man dem R**, der wollts aber nicht thun, und meynt es schickt sich nicht, daß er gegen
den

den Herzog stoß. Aber der Herzog thats nicht anderst. Da stoßt der R* so stattlich, daß er den Herzog aus dem Sattel hob, und daß der unmächtig vom Pferd fiel, darüber es ihm, dem R*, und allen fast bang worden, aber er wollts nicht besser haben. Da nun der Herzog zu sich selber kam, das bald war, da sprach er zu denen, die um ihn waren: Die Kuh hat uns hart gestoßen, darüber sie fast lachten. Darauf ließ er den R* zu sich kommen, und da mußte er mit ihm reuten und speisen. Da nun Abends die Dank ausgetheilt worden, da wurd gesprochen, daß Herzog Wilhelm den ersten Dank haben sollt, aber der Herzog nahm ihn nicht an, und sagt, der Dank gehört der schwarzen Kuh, dann sie hat ihn wohl redlich verdient. Und der Dank war ein LorberCranz und eine Perlen-Schnur darum. Da lobten alle das, was der Herzog gethan hatte, und das war gewiß auch zu loben. Da sprach Ritter Hans von Jörg R**, und wie er so geschickt im Stechen wär, und Ritter Hans sagt, daß die Burger es gar oft den Edlen vom Land darinn zuvor thäten, das wollt Ritter Kunz nicht zugeben, wiewohl er sagt, daß er kein Freund davon wär, und nicht kämpfen mög, wann es nicht Blut gäb, und Ernst wär. War ein wilder Mann. Da sprach Ritter Marquard, daß es wahr wär, was Ritter Hans gesagt, und hätt er viele gekannt, die allemal den ersten Dank gehabt, wo sie gestochen. So sey ihm auch ein Hainz R*** bekannt gewesen, daß er nicht so geschickten in Turnieren gesehen hätt. Da kamen mir die Zähren in die Augen, und mußt sehr weinen. Da sprach mein Bruder, daß ich seine Wittwe, und da Ritter Marquard hörte, daß er gestorben wär, da bedaurte er ihn sehr, und sagt daß er ihn gar fast hochgehalten, und oft mit ihm bey Stechen gewesen. So sprach Ritter Hans, daß er ihn nicht gekannt, daß ihm aber sein Geschlecht bekannt wär, daraus manche tapfere Männer gekommen und noch wären. So sprach Ritter Cunz, daß es wohl schad sey, daß ich Wittwe sey, und wie lange es wär, da sprach ich daß es ein halbes Jahr sey, da meynt er daß ich mich trösten müßt, und nicht immer weinen sollt, wiewohl es mir wohl anstünd. Da sprach Ritter Marquard, daß es wahr sey, und daß ich aussäh, wie eine Rose,

auf

auf der der Thau läg, und Ritter Hans lobt mich auch), daß ich schön sey, und mein Bruder und seine Frau sagten auch, daß ich mich wieder wohl heraus gemacht hätt. Da war ich ganz böß auf sie, und dacht sie wollten mir schmeicheln, dann ich wohl weiß, daß ich nicht mehr ausseh, wie ich vor zwey Jahren ausgesehen hab, wiewohl ich nie bin schön gewesen. Auch fragt mich Ritter Cunz, ob ich auch Kinder hätt, das sagt ich ihm auch, so sprach er, ob ich meinen Mann ganz geerbet, dann er wisse daß er sehr reich gewesen, und grosse Güter gehabt hätt, so sprach ich, daß ich nach hiesigen Rechten einen Kindstheil bekommen, da sagt er daß ich reich seyn müß. Darauf giengen sie wieder. Da sagt mir mein Bruder, daß sie sehr reiche Edelleuth wären, die nicht weit von hier Güter hätten, und sprach zumahl von Ritter Hans, daß er ein frommer und redlicher Ritter sey, den jederman fast hoch hielt, und daß ihm vor Jahr und Tagen seine Frau gestorben, die er gar fast geliebt hätt, die auch gar schön gewesen wär, so wär auch Ritter Marquard ein vester Ritter, und sey lange an des Kaysers Hof gewesen, auch habe hab er viel Länder gesehen, aber noch nicht geheurathet. War gar ein schöner Herr, und gar höflich, daß man ihm wohl ansah, daß er in Ländern gewesen. Das sagt ich auch meinem Bruder, da spottet meine Schwägerin darüber, aber das verdroß mich, und mußt weinen, da schwieg sie stille. Ritter Cunz aber, sagt mein Bruder, sey ein unruhiger Mann, der schon viel Verdruß der Stadt gemacht, und sie schon zweymahl befehdet, wie auch sein Vater gethan hab. Hat mich nur gefreut, daß Ritter Marquard so viel auf meinen Mann gehalten, das ich ihm sehr Dank weiß. Das hab ich dir schreiben wollen, liebe Teutiche, weil ich weiß, daß du auch viel auf meinen Mann gehalten hast. Nimm nicht für ungut, daß ich dir einen so langen Brief geschrieben, wird mir aber nie zu lang, von meinem Hainz zu schreiben. Morgen wird wohl alles wieder fortziehen.

8. Am Montag vor dem Palmtag.

Bist wohl recht bös, liebe Teutiche, daß du auch so arg von mir denkest, eben wie meine

meine Schwägerin gethan hat. Daß man dann gar nichts mehr sagen darf, daß einem nicht übel ausgelegt wird, da bin ich recht betrübt darüber, da jeder weiß, wie schwer mir um das Herz ist, und was ich dulde, daß man doch so arges von mir denket. Da es mir gar nicht ums Herz ist, als wann ich lachen und scherzen möcht. Jezt ist alles wieder fort. Ist so tod gegen vorige Woche, als wann gar kein Mensch in der Stadt wär. Die Herzoge sind gleich den andern Tag nach dem Stechen wieder in ihr Land abgeritten. Haben gesagt, daß sie recht guten Muths geweßt seyen, das meinen Bruder sehr freuet, weil er sich hat Mühe gegeben, daß sie wohl bedienet sind worden. Doch sind die drey Ritter, die ich bey meinem Bruder angetroffen, noch hier, haben unter den Domherren Vetter, die sie heimsuchen, gehen alle Tag bey meinem Hauß mehr als einmahl vorbey, und wann sie mich am Fenster sehen, lassen sie nicht nach, bis ich sie grüße, das ich thun muß, wann ich nicht unhöflich seyn will, das ich nicht gerne wär. Sonst hab ich dir nichts zu schreiben. Leb wohl. Grüß mir Ritter Frizen, und deinen Kleinen gieb einen Kuß um meinetwillen.

9. An St. Jörgen Abend.

Das ist nicht recht, liebe Teutsche, daß du fortfährst bös zu seyn, und mich bös zu machen, und sagst, du glaubest die drey Ritter gehen deswegen so oft über den Weinmarkt, daß sie mich sehen. Nun muß ich zwar sagen, daß sie oft darüber gehen, und wann ich in eine Kirch geh, allemahl gleich nach mir da sind, und niederknien, daß ich sie sehen muß, das aber ganz ungefehr geschehen mag, mir auch nicht lieb wär, wann es meinetwegen geschäh. Doch muß ich dir wahr lassen, daß einer darunter mir so stark nachgehet, daß ich es merken muß, und ist das Ritter Cunz von V***, der ungeschlachte Ritter, von dem ich dir neulich geschrieben, der ist vor 2 Tagen, wie ich aus der Meße gegangen, gegen mich gekommen. Da fragt er mich wie ich leb, so sagt ich ihm, daß ich wohl wär, da fragt er, ob ich noch so betrübt wär, und sagt ich sollt einmahl meinen Mann vergessen, und einem andern gut seyn, hab mich recht lieb und sey ich so schön, daß er mich lieben müßt, sey nicht viel älter als ich, sey gar reich, und ich auch, so sollten wir uns gar wohl zusammen schicken.

schicken. Da war ich ganz böß, und wußt nicht was ich sagen sollt. Da that ich als wann es Scherz wär, merkt aber wohl, daß es nicht war, und bath ihn, er sollt nicht spaßen. Da flucht er gewaltig, daß mir das Herz bebt, daß es ihm Ernst sey, und schwur, daß er mich wie sein Leben lieb hab, und fragt ob ich dann nicht mehr heurathen wollt. Da sagt ich nein, und daß ich ins Klöster wollt. Da lacht er mich aus. So sprach ich, wann ich auch es nicht abschwören wollt, so wär es doch jezt noch nicht Zeit daran zu denken. Da sagt er: Ich werds wohl machen wie alle junge Wittfrauen, und übers Jahr einen andern Mann haben. Das war eine unhöfliche Red, und gieng mir wohl zu Herzen. Da sagt ich er sollt mich verlassen, daß man uns nicht übel nachredet. Das wollt er nicht thun, so ließ ich aber nicht nach; da sagt er, so sollt ich an ihn denken, wann ich einmal Lust hätt', und gieng von mir. Werd aber zu ihm gewiß nie Lust bekommen, wann sonst kein Mann in der Welt wär, und ich heurathen wollt, so wollt ich ihn doch nicht nehmen. Darauf sagt ich es doch meinem Bruder. Der sagt was ich gesagt hab,

daß

daß Ritter Cunz ein böser unfreundlicher Mann
sey, und hielt es gar für kein Glück für mich,
daß ich recht froh bin. Will zwar alles in meinen
Willen stellen, doch sagt er immer, ich muß
wieder heurathen, wenn einer käm, der für mich
taugte, der wird aber wohl nimmermehr kom=
men, und wollt ich wohl lieber ins Kloster, wenn
mich nicht mein Kind zurück hielt, und wird
das Kind recht groß und lieb, und macht mir
viel Freud. Wann mir nur Ritter Cunz nicht
Kummer macht. Werd es ihm lassen andeu=
ten, daß er mich nicht mehr anfechten soll.
Gehab dich wohl, liebe Baas Teutiche.

10. Am Montag vor des heiligen Creuzes Tag, da es erfunden ward.

Jezt muß ich dir schreiben, daß den verwi=
chenen Montag ist Raths=Wahl gewe=
sen, und ist da mein Bruder Burgermeister
worden, und hat fast alle Stimmen gehabt.
Das schreib ich dir, weil er viel bey dir gilt.
Nun geht es mir recht fremd, freut mich aber
nicht sehr. Wird machen, daß ich immer
mehr werd gepeiniget werden zu heurathen,
daß

das ich gar nicht mag. Dann sich ein neuer Freyer gezeigt hat, der Hans von K*** ist. Ist ein redlicher Mann und braver Ritter, und sagt mein Bruder gar viel Gutes von ihm, so mag ich aber doch nicht, und jetzt noch gar nicht, wann ich es auch gar nicht abschwören wollt. Der hat seine Schwester die Burggräfin an mich geschickt, und die hat mir stark zugesprochen, hab aber gesagt, daß es jetzt nicht Zeit sey. So fangt man aber an, von allen Seiten mich zu quälen, und meynen sie, weil ich nicht mehr immerzu weine, das ich nicht mehr kan, weil ich mich ganz ausgeweint hab, so sey ich nicht mehr betrübt, und eben deine Schwester die Onsorgin quält mich auch, darum du sie wohl auszanken magst, dann ich nicht heurathen mag, und es jetzt noch wider die Erbarkeit ist, daran zu denken. Auch hat sogar mein Mägdlein die Meze, solche Reden, die mir nicht gefallen. Wanns nun zu arg wird, so will ich über dich schreyen. Dann ich gewiß im Kloster wär, wo du mir nicht davon gerathen hättest, und dort keine solche Plagen ausstehen dürft.

11. Am

11. Am Montag in der Kreuzwoche.

Was doch das für ein böses Weib ist, die Teutiche, daß sie mir schreibt, müsse der rechte noch nicht da seyn, und werd mir hernach das Kloster schon vergehen, und sey gut, daß ich ein Kind hab, daß ich eine Ausflucht hab, warum ich nicht ins Kloster gehe. Ein solches hätt ich nicht von dir geglaubet, liebe Teutiche, und wirst du von mir gewiß nicht hören, daß ich etwas thun werd, das wider die Erbarkeit wär. So hab ich zwar gar nichts gegen Hansen von K***, aber doch wollt ich ihn nicht heurathen, und wann mich der Kayser wollt, so wollt ich es nicht thun, bevor ich das Leid abgelegt hätt, das ich noch trag. Dann mir mein Heinz viel zu lieb gewesen. So setzt man mir zwar gar fast zu, das alles umsonst seyn wird, bis ich selbst einmahl will. Doch sagt auch mein Bruder, daß er mir niemand besonders aufdringen wollt, wann ich mir wieder heurath, daß ich ihm nicht abschlage, wann es schicklich seyn will. Sagt, daß ich noch zu jung zu einer Wittfrau sey, und daß mein Hainz, den Gott trößt, keinen Nutzen und keine Freud davon hab, wann ich mich

mich zu Tod wein, das dann auch wohl wahr
ist, und ich nicht leugnen kan. Item sagt
er, daß es meinem Büblein Nuz wär, wann
es wieder einen Vater bekomm, der es aufzög,
das auch wahr ist. Will aber noch warten,
und wer sich an mich machen will, mag auch
warten, bis mein Jahr aus ist, und eher will
ich gar nicht daran denken. Leb wohl, und sey
nimmer so böß; sonst schreib ich dir auch nimmer.

12. Am Donnerstag nach Pfingsten.

Da muß ich dir einen Brief schicken, den
ich bekommen hab, und dir erzählen,
was mir wiederfahren ist. Bin ich vorgestern
bey deiner Schwester gewesen, die eben so ein
böses Weib wie du ist, und wie ich heimkom-
men bin, und meine Kleider ausgezogen, da
kommt Meze zu mir, und sagt, sie hab mir
etwas zu geben. Da fragt ich sie was, und
da gab sie mir einen Brief. Da fragt ich sie,
wo der her komm, so sagt sie: Wie sie mich
bey deiner Schwester abgeholt, da sey ein
Herr zu ihr kommen, und hätt sie gefragt, ob
sie nicht bey der R***, bey der jungen Wittfrau,

frau, Magd seye, so sagt sie ja, da hab er ihr den Brief geben und gesagt, daß sie ihn mir geben sollt, hab ihr auch ein Trinkgeld gegeben, das gar stattlich wär, dann es 12 Pf. seye. Seye gar ein grosser schöner Herr, der gar oft beym Hauß vorbey geh. Nun merkt ich wohl, daß der Brief von Ritter Marquard von S *** komm, wollts aber nicht sagen. So zankt ich sie aus, daß sie den Brief angenommen, und sagt ich wollt ihn nicht lesen, so könnt sie zum Ritter gehen, und ihm den Brief bringen, dann ich keine Brief annehmen wollt, hätt er aber Ansprach oder Forderung an mich, so sollt er mit meinem Bruder reden. Das war ihr nicht recht, und fieng an zu weinen, bittend daß ich doch den Brief lesen möcht, wüßt ja nicht was darinn wär, noch wer ihn geschrieben, ich aber wollt lange nicht, so ließ sie nicht ab mich zu bitten, bis ich ihn aufmachte, da war er vom Ritter Marquard, wie ich wohl geglaubt hatt, und war also:

Liebe Frau lasset euch klagen,
Daß ich um euch dulde grosse Plagen,
Jüngst da ich euch gesehen auf der Gassen,
Hat mich Cupido mit einem Pfeil geschossen;

Er

aus dem 15 Jahrhundert.

Er ist mit Bogen und Pfeil vermessen
Auf euren schönen Augen gesessen,
Und hat damit mein Herz verwundt,
Das klag ich euch zu dieser Stund.
Nun leid ich um euch viele Quaal,
Und leide Schmerzen ohne Zahl,
Und wann ihr mich nicht wollet heilen
So kommt der Tod an mich ohn Verweilen.
Schöne Frau lasset euch doch erbitten
Groß Unglück an mir zu verhüten,
Und hört mich armen Rittersmann
Mit meinen Klagen und Plagen an.
Dann ich sonst aus Liebe zu euch sterb.
Ritter Marquard von S***.

Da mußt ich lachen wie ich den Brief las, dann ich noch nie einen Brief in Reimen gelesen hatte, und las ihn mehrmalen. Da merkt Meze, daß mir der Brief gefallen, und fragt mich warum ich lacht, und was mir der Ritter geschrieben. Das wollt ich nicht thun, und sagt ihr, daß sie ihn nicht hätt annehmen sollen. So sagt ich ihr aber, daß der Ritter mit mir sprechen wollt, daß sich nicht schicken würd. Da sprach sie, sie wollt ihn zur hintern Thür herein lassen, müßts kein Mensch merken, das verboth ich ihr hart, und sagt daß sie wohl wußt, daß ich nicht heurathen wollt, da lacht sie mich aus, aber ich ward bös und sprach, sie sollt fortgehen und keinem Menschen nichts sagen. Da dacht ich, du mußt das auch deinem Bruder erzählen und bracht ihm den Brief. Da wundert er sich, und sprach: Wisse keinen Ritter der schreiben könne, werde es wohl Ritter Marquard auch nicht können. Und da er den Brief gelesen hatt, da sprach er: Sey ein recht schöner Brief, und glaub er sey aus einem welschen Buch, wie man minnen soll. Glaub aber nicht, daß ihn der Ritter geschrieben, werd es wohl Meister Veit gethan haben, wünscht mir Glück dazu und sagt, jezt hätt' ich drey Freyer, und könnt wählen, wer mir am besten gefiel den sollt ich nehmen. Sagt meine Schwägerin wisse schon wen ich wähle, will ihn aber nicht nennen. Ist auch böß. Hab selber ihnen gesagt, was ich zum B*** und zur Burggräffin und zu dir gesagt hab, und auch zu der Meze, daß ich gar nicht heurathen woll, oder erst nach einem Jahr. Sagt meine Schwägerin, sey gut daß es bald um sey. Da hab ich

ich sie auf die Hand geschlagen, und bin fortgegangen, und mag nun der Ritter den Brief geschrieben haben, oder schreiben lassen, so dank ich ihms doch, um den Einfall, der wohl lustig ist. Item wie ich heimkomme, hat mir deine Schwester sagen lassen, woll zu mir kommen. Da hab ich mich gewundert, was sie gewollt hat. Da hat sie gefragt, ob ich nicht einen Brief bekommen, das ich ihr geleugnet hab. Das hat aber nicht geholfen, weil sie gesagt, daß sie es schon wisse, so mußt ich es sagen. Da sprach sie von Ritter Marquard, und lobt ihn gar sehr, und erzählt mir viel von ihm, und wie sehr er mich lieb hab, seit dem er mich kenne, das ich ihr nicht glauben wollt. Da wollt sie, daß ich mit ihm reden sollt, sollt ihn zu mir kommen lassen, oder zu ihr kommen, aber ich wills gewiß nicht thun. Da sagt ich ihr, was ich zu allen gesagt hab, und das magst du ihr auch wohl schreiben, damit sie mich mit Friede lassen möge. Grüsse mir Ritter Frizen. Leb wohl.

13. Montag nach St. Ulrichs des heiligen Bischofs Tag.

Nun hab ich dir schon lange nicht geschrieben, liebe Teutsche, weil ich dir nur das alte hätt schreiben müssen, das nicht artig wär, und nichts neues wußt. Dann wann ich dir schon geschrieben hätt, daß du mir recht lieb seyest, so wär das auch nichts neues. Das muß ich dir jezt schreiben, daß ich noch immer gar sehr geplagt werd, und daß ich wohl endlich das werd thun müssen, was du mir gerathen hast, und nachgeben, so hart es mich ankommt, dann ich meinen Hainzen noch nicht vergessen kan, den lieben Mann. Die Ritter gehen alle Tage noch vorbey, und kommen in in die Kirche wo ich bin, und begleiten mich heim, kommt mir aber keiner ins Hauß. Muß oft fast darüber lachen, und könnt ich wohl mit Hand bieten, Fußtretten und Anlachen, sie alle drey zu Narren machen, das ich nicht thun will, auch wider die Ehrbarkeit wär. Aergert mich nur, daß Ritter Cunz auch mitlauft, der wilde unhöfliche Ritter, der mir schon oft mit seinen Reden Unwillen gemacht hat. Jezt ist vor 8 Tagen ein Jahr gewe=

gewesen, daß mein lieber Hainz gestorben, und hab ich einen gar schweren und harten Tag gehabt, und mich fast siech geweint, nun seit das Jahr um ist, bin ich gar übel daran, und will alles auf mich los stürmen, und werd ich wohl bald genöthet seyn zu wählen, das mich hart ankommen wird. So sind Ritter Marquard, und Ritter Hans, ehrliche brave Ritter, und sollt mir weh thun, wann mir einer feind werden wollt, darum daß ich nicht beyder seyn kan. Nun gieb mir auch einen Rath, liebe Teutiche, dann ich Raths wohl noth hab. Wann ich aber meinem Rath gefolgt, schon lange im Kloster wär, und dich nicht mehr fragen sollt.

14. Am Montag Unserer Frauen Tag, da sie gen Himmel fuhr.

Das ist doch wahr, daß ihr alle zusammen in Einung seyd, du, und deine Schwester, und mein Bruder, und meine Schwägerin, und meine Meze, und alle andere, und mich alle plaget, weil ihr mir alle rathet, dem Ritter Marquard die Hand zu geben.

Du bist aber gar bös, weil du sagst, du ra-
thest es, weil du wohl merkest, daß er mir
der liebste sey, das ich aber nicht gesagt hab.
Nun geht er mir gar sehr nach, und sucht mit
mir zu reden, kan ihm aber nie werden, vor
den zwey andern. Da spielt mir deine Schwester allerley Leckerheit, weil ich nicht will zu
ihr kommen, wo ich ihn gewiß antreffen sollt,
das ich nicht mag. Hat sich bey meiner
Schwägerin ansagen lassen, und es angestellt
daß ich auch hinkommen müssen. Da ich nun
da war, da kam sie erst, und Ritter Marquard kam auch mit ihr, sagend, er muß
mit dem Burgermeister reden; das wohl nicht
wahr war, aber wohl mit seiner Schwester,
die ich bin. Da wandt er sich an mich, und
sagt, daß er sich freue mich da zu sehen. So
wurd ich feurroth, und konnt nicht antworten,
sah aber wohl, daß sie heimlich darüber lachten. Hernach machten sie, daß man ans
Fenster mußte, da stahl sich deine Schwester
davon, und Ritter Marquard blieb allein bey
mir. So sagt er, ob ich dann nicht seiner
Plag wollt ein Ende machen, sey nun ein halb
Jahr, daß er mich lieb hätt, und daß ich es
wüßt,

wüßt, so fall es ihm sehr schwer, wüßt daß ich auch Ritter Cunz und Ritter Hans gar lieb wär, so macht ihm das viel Schwermuth und Eifersucht. So mußt ich ihm versprechen, daß ich bald wählen wollt, das ich auch thun werd. Aber wie schwer ich daran komme, ist mir unmöglich dir zu schreiben. Da giengen sie fort, und ich blieb noch da. Da fragt ich meinen Bruder, was ich thun sollt, und sagt ihm, daß ich ihm wohl wollt sagen, daß mir Ritter Marquard vor andern lieb und werth wär, und daß ich ihn wollt wählen, wann es ja seyn müßt. So freut sich seine Frau fast darüber, sagend, daß sie das wohl gemerkt hab, und mein Bruder war auch fast vergnügt, und legt ihm viel Ruhm und Ehre bey, das mir gar lieb war. So sprach er, ich sollt ihm durch deine Schwester sagen lassen, daß er, wann es dunkel wär, zu mir kommen sollt, so wollt ich die Magd an der hinterThür warten lassen. Wär ihm lieb, daß die Sach einmal zu End käm, weil er auch von allen dreyen wohl geplagt wär, und sie, wie er sagt, einer nach dem andern an ihn kommen, wann sie ihn beym Peter Riederer antref-

antreffen, wo jezt die Geschlechter ihre Zechen und Kurzweil halten. So will ich seinem Rath folgen, und hernach dir schreiben, was geschehen ist.

15. Montag nach St. Bartolmeen Tag, des h. zwölff-Bothen.

Nun soll heute das geschehen, wovon ich dir neulich geschrieben hab. Darfst wohl für mich bethen, liebe Teutiche, wann du mir etwas Gutes wünschest. Hab deine Schwester bitten lassen, mit Ritter Marquard zu reden, und hab jezt ich meine Magd auf die Wache gestellt, auf ihn zu warten. Was ich unruhig bin, das kan ich dir gar nicht schreiben, aber nicht frölich, sondern so wie in den ersten Tagen, da mein Hainz gestorben war. Der liebe Mann! O wie viel Zähren hat er mich noch heut gekostet, da ich die ganze Zeit an ihn gedacht hab. Was sollt er denken, wann er wüßt, was ich heut vorhab? Wollt er es wohl tadlen? oder mich untreu schelten? Aber was könnt ihm meine Treu nüzen, dann ich ihn wohl treu geliebt hab, so lang er gelebt hat,

und

und so lang ich leb, ihn nicht vergeſſen will. Aber was die Leute ſagen werden? Wann ſie ſagen, ich hab ihn nicht lieb gehabt, ſo lügen ſie, und wann ſie ſagen, ich ſey leichten Sinnes, ſo lügen ſie auch, dann ich wohl bedacht hab, was ich thun will, und auch das nicht thät, wann man mich nicht ſo arg plagte, und wann ich nicht dächt, ich thät bey meinem Alter noch beſſer, wann ich in der Welt blieb, als wann ich ins Kloſter gehen wollt. Nun bin ich heute voll Ernſt, liebe Teutiche, das kanſt du wohl wiſſen warum. Jezt hör ich etwas kommen, ſo muß ich ſchlieſſen, und will hernach weiter ſchreiben. Er kommt —— —— ——

Wie ich eben aufgehört hab, und in die Stube gegangen bin, dann ich in der Cammer ſchreib, da kommt Ritter Marquard mit meiner Meze, die ihm den Weg gezeiget, daher, und Meze geht wieder fort. Da hab ich gezittert und gebebet, da ich ihn geſehen hab, ſo ſchön er ſich auch geputzt hatt, daß er gar nicht fürchterlich, aber wohl recht ſchön war. Da grüßt er mich gar höflich, und ich hieß ihn gar freundlich willkommen, und war er auch ganz unkeck, daß ich nicht wußt, was ich davon halten sollt. Da setzt ich ihm Meth und Brod vor, das bey uns Sitte ist, und hieß ihn niedersitzen. Da sagt er mir, daß es heut schön Wetter wär, und daß er spazieren geritten, kam aber bald auf etwas anders, und fieng einen gar höflichen Scherz mit mir an, und sagt mir, daß ich gar schön wär, auch daß man mich in der ganzen Stadt wegen Frömmigkeit und Erbarkeit gar hoch und werth hielt, das mir lieb seyn soll, wann es wahr ist, so sagt er, daß es kein Wunder wär, wann sich viele Freyer an mich machten, und mir Liebe bewiesen, darauf ich ihm wieder Scherz vergolt, und mit Scherz und Scherz rückt er mir näher, und gab mir einen Kuß; da ward ich feuerroth, sprang auf, und that, als ob ich recht zornig wär, das ich im Ernst nicht war, wie ich dir im Vertrauen wohl sagen mag. Da sagt ich: Nun Herr Ritter, was soll das seyn? Seyd ein wenig zu kühn, fürs erstemahl, da ich euch zu mir kommen heiß, und mögt ihr wohl denken, daß ich Wittfrau sey. So fuhr er aber im Scherz fort, und sprach: Daß er wohl wiß, wer ich sey.

ſey. Sey die Frau, die er gar faſt liebe, und der er zu Dienſt leben und ſterben wollt. Sollt ihn doch in meine Dienſt aufnehmen, ſo wollt er mir recht treu dienen. Könnt mir ſagen, daß er keine Raſt noch Ruh hätt, ſeit er mich das erſtemahl bey meinem Bruder geſehen, und wo er hingeh, da geh ich in ſeinem Sinn auch mit, und wo er ſich aufhalt, da hab er mein Bild im Herzen. So ſollt ich einmahl ſeiner Unruh ein End machen, ſeine Lieb erhören, und ihn wählen. Da ſagt ich zu ihm, und glaub, daß ich recht einfältig dabey ausgeſehen, obwohl ich ſchon gefaßt darauf geweſen: Hörte da, daß er mich lieb hätt, und daß er wünſchte, mich zu heurathen, ſo müßt ich ihm geſtehen, daß ich das längſt gemerkt hätt, da er mir ſchon mehrmahlen es bewieſen. So wollt ich ihm nicht verhalten, daß ich ihn, ſeit ich ihn kenn, für einen frommen, veſten und faſt erbarn Ritter angeſehen, der meiner Gunſt und Liebe wohl werth wär, wie mir ihn auch darum viele gar ehrbare Leute gelobt und geprieſen hätten. Da es ihm nun, wie ich ſäh, um mich gar Ernſt wär, ſo wollt ich ihm nun auch

nicht

nicht länger mit Unruh quälen, und ihm gestehen, daß er mir lieb wär, und daß ich ihm meine Treu nicht versagen wollt. Da kanst du nicht glauben, liebe Teutiche, wie froh der Ritter auf diese Worte gethan, auch kan ich es dir nicht beschreiben. Da fiel er auf die Knie vor mir nieder, und küßt mir die Hand, stund darauf auf, und dankt mir, konnt aber fast nicht reden, so war er voll Freud, darauf hieß ich ihn nieder sitzen, und sprachen wir noch manches mit einander, und kan ich sagen, daß er ein gar vernünftiger und höflicher Ritter ist, daß ich ihn auch recht lieb gewunnen hab, daß ich mich auch nicht schäm, dir das zu gestehen. Da stellt ich ihm meinen Kleinen vor, den nahm er auf den Arm, und thät gar freundlich mit ihm, und küßt ihn recht herzlich, und das Kind war auch zu ihm gar freundlich, und liebkoßte ihn, wie wann es sein Vater wär, hieß ihn auch Vater, wie ich es vorsagt. Da schenkt er ihm ein güldenes Kettelein, mir aber schenkt er Ohren=Spangen, und Arm=Bande, die gar köstlich sind, dafür ich ihm fast dankte, und ihm viel Gutes wünschte. Darauf sagt ich,

daß

daß er vergnügt seyn sollt, aber niemand noch sagen möcht, daß ich seine Braut wär, weil ich noch ein 14 Tag warten wollt, eh ich es bekannt machte, und da er mir das verheissen, gieng er von dannen. So bin ich nun wieder eine Braut, und zwar so, daß ich ganz anderst muß hausen lernen, das mir doch so hart nicht fallen wird. Zwar ist es wohl wahr, daß ich muß aus der Stadt, und von meinen lieben Freunden fort, und aufs Land ziehen, dann der Ritter sich zu Seyfriedsberg auf seiner Burg aufhält, so ist es aber nicht weit, und kan ich alle Tage Nachricht aus der Stadt haben, auch dahin kommen, so oft und wann ich will. So bin ich gewohnt auf dem Lande zu seyn, auch fast dabey aufgezogen, bin auch mit meinem lieben Hainzen, den Gott tröst, mehr auf dem Land als in der Stadt gewesen. So wird es mir auch so wunderbar nicht vorkommen. Werd doch wohl Neider haben, weil das wohl der Welt Brauch ist, und werden allerley Böses von mir sagen, darnach ich nicht fragen will, zumahl ich ein gut Gewissen hab, das mich soll trösten. Aber jezt muß ich schliessen, weil es

recht

recht späth ist. Gute Nacht, liebe Teutiche, Hoff doch, der Brief wird dich auch freuen.

16. An Montag nach Unserer Frauen Tag, da sie gebohren ward.

Bist wohl eine recht gute Frau, liebe Teutiche, und Ritter Friz ist auch ein recht guter Mann, den ich recht lieb hab, daß ihr eine solche Freude habt, daß ich eine Braut bin. Dank euch wohl dafür, und sag euch, daß ich auch eine große Freude hab, wann es euch wohl geht. Mir geht es jezt wohl gut, dann mich Ritter Marquard fast ehret, so ist aber meine Heimlichkeit bald aus gewesen. Hab keinem Menschen nichts gesagt, als meinem Bruder und meiner Schwägerin, und doch hat man den Tag darauf in der ganzen Stadt davon geredt, und alles davon gewußt, auch daß er bey Nacht gekommen sey, und wer ihn herein geführt hab; muß wohl meine Meze eine Schwäzerin gewesen seyn, so sehr ich es verbotten hab, etwas davon zu reden. Da mußt ich es nun wohl bekannt in der Freundschaft werden lassen, um nicht für stolz ausgeschrien

geschrien zu werden. Darauf hab ich wohl
mühsame Zeit gehabt, und bin von gar vielen
Leuthen heimgesucht worden, die mir Glück
gewünschet haben. Darunter nun auch die
Frau Burggräfin von Burtenbach, des K***
Schwester gewesen, die aber ganz betrübt gewesen, und gesagt, daß sie wohl hätt wünschen mögen, meine Schwägerin zu werden,
da es aber nicht seyn mocht, wollt sie mir
dennoch Glück wünschen, das auch ihr Bruder
thät, und allemahl mich hochschätzen und ehren wollt, wann ich schon ihn nicht gewählet
hätt, und der wär in aller Stille nun fort,
und auf sein Schloß nach K*** gezogen, wo
er suchen wollt, seinen Kummer, so viel als
möglich, zu vergessen. So antwortet ich ihr,
und war ganz unmuthig, da ich es sagt,
und redte, wie mir ums Herz war. Daß ich
recht groß Mitleiden mit Ritter Hansen hätt,
dann ich fast viel auf ihn hielt, und wohl
wußt, daß er allenthalben hoch gepriesen, und
Ritter Marquarden ganz gleich wär, so daß
wann der nicht gewesen wär, ich wohl keinen
andern gewählt haben würde. So hätt ich
unter beyden eine schwere Wahl gehabt, und

hofft,

hofft, sie werd darum keine Feindschaft auf mich werfen, dann ich doch unmöglich alle beyde hätt nehmen können, das sie mir auch versprochen. Ist eine recht liebe Frau, und hat mich fast erbarmet, aber doch reut mich das nicht, was ich gethan hab. Den andern Tag aber, ist mirs weit ärger ergangen. Dann da ich in meiner Stube allein gewesen, und gespunnen, da bin ich gar sehr erschrocken, als ein gerüsteter Ritter zu mir hereingetretten, den ich sogleich für Ritter Cunzen angesehen. Da gieng er ganz troziglich auf mich zu, und sprach mich unhöflich an, da ich schon aufstund, und ihn willkommen heissen wollt, wiewohl er es nicht war. Wisset, Frau, sagt er vermessen zu mir, daß ich nun lang genug gewartet, und lang genug mich herumziehen lassen, so sollet ihr wissen, daß ich jezt da bin, euch zu fragen, ob ihr noch nicht gewählet habet, und euch zu sagen, daß, wenn es noch nicht geschehen, ihr auf der Stelle wählen müsset, und mich wählen müsset. Da hat mein Herz gezittert und gebebet, bey diesen Worten, doch erholt ich mich, und sagt zu ihm: Ob er wolle mich mit

mit unhöflichen Worten zwingen zu heurathen, und ob das eine Weise sey, einer erbarn Frauen zu begegnen? Doch weil er zu wissen verlang, ob ich schon gewählet hab, so woll ich es sagen: Ja, ich habe gewählet, aber nicht ihn. Hättest sehen und hören sollen, liebe Teutiche, wie zornig der Mann sich geberdet, wie er gefluchet, die Zähne geblecket, mit den Füssen gestossen, und gelermet. Ja, ich weiß, sagt er, daß ihr gewählet habt, und weiß es auch wen? Marquard habt ihr mir vorgezogen, aber zu eurem Schaden sollt ihrs gethan haben. Er kennt mich, und soll mich noch mehr kennen lernen. Das schrie er, und schlug mit der Faust auf den Tisch, und darauf gieng er von mir, und verließ mich halb tod vor Angst und Schrecken. Da sagt meine Meze, daß er sich mit einem alten Baurenweib ins Hauß gedrungen, und ehe sie ihn bemerkt, zu mir gekommen sey. Hab ihm von weitem angesehen, daß er recht wild sey, und deswegen schon Leute zusammen geruffen, und dank allen Heiligen, daß er wieder aus dem Hauß sey, das ich auch gethan hab. Da verboth ich ihr, keinem Menschen von diesem Heimsuch zu sagen, dann ich nicht

D mag,

mag, daß Ritter Marquard es erfahren soll. Hernach hab ich gehört, daß der Ritter, so bald er von mir gegangen, auf sein Pferd gestiegen, und im stärksten Rennen aus der Stadt geritten sey. Heilige Mutter Gottes! wann nur der böse Mann kein Unheil anfängt, und uns elend macht. Mein Trost ist das, daß man vom drohen nicht stirbt, und daß es nicht der Mühe werth ist, meinetwegen Krieg anzufangen. Nun ist mir aber Ritter Marquard immer lieber und werther, dann er mich fast ehret und liebet, und hab ich ihm gestern Abends einen schönen Ring gegeben, wie er dann auch das gethan hat, und mir einen geschenket, und war dabey mein Bruder und seine Frau, und meines Hainzen seel. Bruder, mit ihren Frauen, und Hermann von S***, des Ritters Bruder, und andere erbare Leuthe genug, und haben wir also Stuhlveste gehalten. Jezt aber werden wir neue Unruhe in die Stadt kriegen, dann der Kaiser einen Reichstag hier halten wird. Soll morgen erwartet werden, und in meines Bruders Hauß absteigen, und macht das meiner Schwägerin gar viel Beschwerde, zumal ihre Rechnung aus, und sie keine Stunde mehr vor sich hat. Komm doch auch hieher, libe Teutsche, und denke, daß ich mich recht freuen wollt, wann du kämst, und da bliebst, bis daß meine Hochzeit vorbey wär.

17. Am Donnerstag nach Creuz Erhöhung.

Item vorgestern ist der Kayser glücklich in Augspurg angekommen, und eben da der Lermen gar feindlich, da ist meine Schwägerin glücklich in das Kindbett kommen, und ist eines Sohns gelegen, und hat große Freude dadurch gemacht. So hat es mein Bruder gleich dem Kayser erzählet, bey dem er gar wohl gelitten ist, und hat ihm der Kayser Glück gewünscht, und gesagt, daß er des Kinds Dot seyn woll, das auch geschehen ist, und hat der Bube des Kaysers Nahmen Sigmund bekommen. War gar eine große Freude für meinen Bruder, und die Kindbetterin, die gar wohl auf ist. Hernach hat der Kayser meinem Bruder große Gnade gethan, ihm herrliche Freyheiten geschenket, ein ander gar schönes Wappen gegeben, auch ihm Erlaubnuß ertheilt, einen andern Namen zu führen, als er vor geführt hatte, daß er nun nicht mehr Peter Egen heisset, sondern Peter von Argaw. Wird doch machen, daß man ihm wird übel nachreden, häb ihm auch selbst gesagt, daß er eitel sey, darum daß er sich seines Vaters Namen schäm, der doch fast erbar und alt wär. So giebt er mir zur Antwort, daß unsere Vorfahren seit unfürdenklichen Jahren sich von Argaw geschrieben, und hätt erst unser Großvater, dem Gott eine fröhliche Urständ verleyhe, den Nahmen Egen angenommen, des er gar gut Urkund und Brief hätt, so wollt er zu Ehren unserer lieben Vorfahren diesen Namen wieder führen, hoft, daß man ihn darum nicht verdenken soll. Nun wird morgen ein gar grosser Tanz seyn, wo ich mit Ritter Marquard auch dabey seyn werd. Ist auch der Kayser dazu geladen, und alles, was hier ist von Geschlechtern, Männer und Frauen, auch was von Adel und Ritterschaft hier ist, werden viele Tische besetzt seyn, und soll das Mal 16 Pf. auf jedes kommen. Hoff, es soll schön dabey seyn, und hat mich Ritter Marquard gar schön gekleidet, mit Rock, Mantel und Schleier, die ich morgen tragen will.

Muß

Muß aber jezt sehen, wie meine Kindbetterin
lebt. Leb wohl, Teutiche. Ritter Marquard
läßt dich, und Ritter Frizen auch grüſſen.
Küſſe mir deine Kleine.

18. Am Donnerstag nach St. Matheus
Tag, des h. Zwelffbothen.

Hab mich ein wenig frühe zum Tanz an=
gezogen, damit ich dir noch etwas
schreiben kann, liebe Teutiche, bevor Ritter
Marquard kommt, und mich abholt, wird
wohl bald da seyn. Hab mir Müh gegeben,
mich recht aufzuputzen, um ihm Ehr zu ma=
chen, fruchtet aber nicht viel. Doch sagt die
Meze, daß ich recht schön sey, muß doch im
Spiegel = = Pfui schäm dich, eine Wittfrau
seyn! und so eitel seyn, das steht nicht schön.
So bin ich aber noch jung, und jezt eine Braut,
so wird ein wenig eitel seyn, auch nicht so gar
schändlich seyn, verzeyh mir es eben ein wenig,
liebe Teutiche, so will ich dir auch verzeyhen,
wann du ein wenig bös bist. Zudem sagt man
mir es jezt so gar oft vor, daß ich so schön
sey, daß ich nur halb ein Weib seyn müßt,

D 3 wann

wann ich es nicht ein wenig glauben wollt. Aber da kommt er schon. Seyd willkommen, Ritter Merklin. Er muß mich noch ein wenig schreiben laſſen. Er wills zugeben. Aber in Ruhe, Ritter, weiß alles, was ihr ſagen wollt, nicht wahr, daß ich ſchön ſey? War errathen. Nun ſo laßt mich ſchreiben, Ritter, und nicht Kurzweil getrieben. Es nimmt ihn Wunder, wie ich ſchreib, und will mir zuſehen, aber er kan nicht leſen. Könnt ihr leſen, Ritter Merklin? Könnt — ihr — le — ſen — Nun! gemach genug, aber es geht doch, das ich nicht geglaubt hätt. Aber ſchreiben kan er nicht? Er ſagt ja, aber er lügt, der Ritter. Würklich? Er will mirs zeigen, da habt ihr die Feder, Ritter Merklin, ſchreibt auch an meine gute liebe Baaſe, wenn es wahr iſt, daß ihr ſchreiben könnt. Heilige Mutter Gottes er will würklich ſchreiben!

Ihr ſollent wiſſen, liebe Frau Teutiche, daß ich euch gar lieb hab, wann ich euch ſchon nicht kenne. Darum, daß ihr meine Braut lieb habet, und daß ſie euch auch lieb hat. Item ſollent ihr wiſſen, daß ſie eine böſe Frau

Frau ist, und das hab ich euch schreiben wollen, damit ihr es wissent.

(Dieses war von einer andern sehr schlechten, und fast unleserlichen Handschrift.)

Jezt ists genug, Ritter Merklin, ich seh wohl, daß ihr fast geschickt seyd. Aber er hat geschwitzt, und geseufzt dabey, der gute Mann, und hat gesagt, daß er in seinem Leben nicht so viel geschrieben hab, das ich gerne glauben mag. Aber jezt soll ich gehen, so lebe wohl, Teutsche, bis ich wieder komm, will dir hernach alles erzählen, was geschehen ist. Ich komme, Ritter, ich komme. Er läßt mich nicht mehr in Ruhe.

Nun bin ich erst gestern früh vom Tanz heimgekommen, und hab dir gstern nicht mehr schreiben mögen, weil ich gar schläfrig und müd gewesen. Heut aber will ich dir alles schreiben, wie es ist zugangen. Wie ich mit Ritter Marquard auf das Tanzhaus gekommen, da waren schon gar viele Leuthe beysammen, und mögen wohl über 200 Leuthe von Geschlechtern und Fremden da gewesen seyn. Und war dabey auch eine gar schöne Jungfrau, die Sibylla Gossenbrotin, des Burgermeisters Tochter, Leonhard des Radawers Braut, die von allen für die schönste gehalten worden, ausser von meinem Marquard, dem höflichen Schmäuchler, auch sind viel andere schöne Frauen und Jungfrauen da gewesen, die ich dir nicht alle nennen noch beschreiben kan, und viel andere erbare Leute genug. Da mußten wir wohl lange warten, bis daß der Kayser gekommen war, und wurden viele fast maßleibig darüber. Hernach kam er, und kam auch mein Bruder mit ihm, bey dem er wohnt. Da nahm mich Ritter Marquard, und führt mich für den Kayser, und stellte mich ihm für. Da sprach der Kayser: Ey Ritter Marquard, wie habt ihr so schön gewählet, wohl müsset ihr wissen, was schön ist. So sprach der Ritter: Gnädiger Herr Kaiser, wann ich nicht wär gewählet worden, so würd ich umsonst gewählet haben. Da wünscht uns der Kayser Glück, und war gar gnädig. Hernach fieng man den Tanz an, und tanzte gar schön, und mit guter Manier, daß auch der Kayser sagt, hätt nicht leicht schöner tanzen sehen, hernach setzt man sich nieder, und waren mehr dann 30 Tische besetzt, und ward gar stattlich und köstlich aufgetra-

aus dem 15 Jahrhundert.

getragen, daß auch der Kayser groß Gefallen darob gehabt hat. So blieb man aber nicht gar lange, und fieng alsdann wieder an zu tanzen nach voriger Weise. Da kam unser gnädiger Herr, der Kayser, zu mir, und sagt mir, daß ich allen Frauen und Jungfrauen sagen sollt, daß sie einen Crayß um ihn machen sollten, und ließ er sich einen Stuhl stellen, mitten in den Saal, der gar groß ist, wie du wohl weißst. Da stellten sich alle um ihn her, das gar lustig war anzusehen, und die Männer und Junggesellen stunden hinterher, und wußt kein Mensch, was der Kayser vorhatte. Da stund ein Graf bey ihm, der hat einen köstlich gestickten Beutel, den nahm sein Gnad der Kayser, und hernach hieß er mich herzu tretten, und da nahm er einen goldenen Ring aus dem Beutel, und steckt ihn mir selber an den Finger, und schrie hernach der Goßenbrotin, und machts der eben so, und hernach einer nach der andern, daß über 100 Ringe sind ausgetheilt worden, das uns allen grosse Freud gemacht, und dem lieben Kayser von allen Burgern und Burgerinnen gar viele tausend Wünsche hat zugezogen, und werden

wir

wir die Gnade gewiß nie vergessen, und auch unsern Kindern erzählen, daß sie ihn darum rühmen. Hernach haben wir noch lang getanzt, und erst da es Tag worden, sind wir heimgegangen, und hat mich Ritter Marquard dahin geführt. Ist gar ein stattlicher Tänzer, und mir alle Tag lieber und werther, so daß ich meinen Hainz bey ihm ziemlich vergesse, das doch nicht ganz geschehen wird, so lang ich leb, und ich allemahl mit Betrübnuß an ihn denken werd. Jezt darfst du wohl mit mir zufrieden seyn, liebe Teutsche, dann ich dir gar viel geschrieben hab, daß ich auch fast müd worden bin. So will ich nun schliessen. Gehab dich wohl.

19. An St. Semprechts Tag des heil. Bischofs Tag.

Jezt ists recht tod in der Stadt, und bey mir, dann der Kayser mit seinen Hofleuten und Gesind wieder abgereißt, und Ritter Marquard mich auch verlassen hat, aber auch wieder kommen wird. Hat viel Zähren gekostet, und habe da wohl gemerkt, daß er mir

mir gar lieb ist. Ist auf sein Schloß nach Seyfriedsperg gezogen, um dort Ordnung zu unserer Hochzeit zu machen, Die soll in 14 Tagen seyn, und will mich der Ritter mit allen Verwandten, und vielen Nachbarn und Bekannten, in grossen Ehren abholen, und sollen wir an St. Elisabeth, meinem Namens-Tag, unsern Auszug und Einzug halten, und haben mir auch fast viele Freunde von hier versprochen, mich zu begleiten, und zum Fest zu kommen. Kan aber jezt wohl sagen, daß ich lange Weil hab, und mir das Herz wohl schwer ist, daß ich manchmal fast verzagen möcht. Kommt mir Ritter Cunz und sein Drohen gar oft in Sinn, und förcht, daß er sich an Ritter Marquard rächen werd, um daß ich diesen ihm vorgezogen hab. Träumt mir gar davon, und hab ich gestern im Traum gesehen, wie Ritter Cunz mit dem Armbrust auf Ritter Marquard geschossen. Das macht mir entsetzlich bang, doch sag ich niemand nichts davon, daß ich nicht ausgelacht werd. Meine Kindbetterin läßt dich grüssen, ist gar wohl auf, und auch ihr Büblein. Wann nur Ritter Marquard bald wieder hier wär,

daß

daß ich keine Angst mehr hätt. Dem Ritter Frizen darfst du allemahl einen Gruß von mir melden, wann ich es schon nicht schreib. Auf die Hochzeit mag ich euch nicht laden, wiewohl ihr wohl wißt, daß ich euch gern dabey sehen möcht. Dann ich wohl weiß, daß ihr gewiß nicht kämet.

20. Am Montag nach St. Martins Tag.

Du hast gar recht, liebe Teutiche, wann du mir schreibst, es sey ja das Sorgen nicht nütze, nur will ich dir wünschen, daß du gar nie zu sorgen mögest Sache haben. Hast auch ganz recht, wie du mir geschrieben, daß Ritter Marquard bald wieder da seyn werd, das auch jezt ist eingetroffen. Aber große Quaal und Sorgen hab ich ausgestanden, und bin gar fast mit Träumen von Fehden und Kriegen geplagt worden, daß das Herz mir gezittert hat, wann ich bin erwachet. So ists nur gewesen, wie wann den ganzen Tag ein Stein mir auf der Brust gelegen, daß ich gemeynt, daß sie zerspringen müßt. Da hat mich deine Schwester heimgesucht, mich ausgelacht und ausgezankt, zulezt den Rath geben,

ben, einen zu fragen, der wahrſagen könn. Hat geſagt, ſie kenn ein Weib, die es verſteh und ſchwerlich fehl. Hat ſich angebotten, weil ihr Mann nicht in der Stadt ſey, mich zu ihr zu führen, müßten es aber wohl geheim thun, weil die Pfaffen es nicht leiden wollen, und müſſen wir um Mitternacht dahin gehen, weil das zum wahrſagen die beſte Zeit ſey. Hab es nicht thun wollen, ſo bin ich aber die Nacht darauf mehrmal geplagt worden, und iſt mir Ritter Marquard mit einer Wunde im Herzen und ganz blutend erſchienen, daß ich nimmer aushalten können. Da hab ich zu deiner Schweſter geſchickt, und ihr wiſſen laſſen, ſollt auf die Nacht zu mir kommen, und bey mir ſchlafen. Da merkt ſie wohl, was ich wollt, und kam zu mir in ihrer Magd Kleidern und Schleyer, und hieß mich auch meiner Magd Kleider und Schleyer nehmen, und hernach haben wir einander ausgelacht, weil wir gar närriſch ausgeſehen. Und wie es gegen Mitternacht war, ſind wir zwey allein fortgegangen, das wohl keck geweſen, und man uns leicht für ein paar thörichte Fräulein hätt halten mögen, das mir nicht lieb geweſen wär, war. Da führt sie mich in der Stadt herum zu einem grossen runden Thurn, den man die Fledermauß nennt, und forcht ich mich so sehr, daß ich fast nicht gehen konnt. Da frischt sie mich an, wie wir zum Hauß kommen, wo die Gertraut, das alte Weib wohnet, daß ich anklopfen soll. Das wollt ich nicht thun, dann ich mir fast forcht. Da that ich es endlich, und da ichs gethan, da wollt deine Schwester davon laufen, das nicht schön war, und ich ihr nach. So kamen wir zurück, und klopften noch einmahl, da hört ich eine abscheuliche Stimm, die schrie: Wer klopft; so sprachen wir zitternd und zagend: mach auf. Da gieng die Thür auf, und ein gar altes, häßliches, rünzlichtes, abscheuliches Weib, dergleichen ich im Leben nicht gesehen, kam zur Thür. Hatt eine gar schwache Lampe in der einen Hand, und einen Stab in der andern. Trug auf dem Kopf eine alte grosse schwarze Kappe von Pelz, und hat auch einen schwarzen Rock an, und weisse Bänder herum hängen, darauf Zauberzeichen gemahlt waren. Auf Ihrer Schulter saß eine schwarze Katz mit gar feurigen

Augen,

Augen, und neben ihr gieng ein schwarzer
Bock, die wohl böse Geister gewesen sind.
War mir erschröcklich bang, und hätt ich viel
Geldes geben, wann ich nicht dahin gekom=
men wär, doch konnt ich nicht mehr zurück,
das ich deiner Schwester nicht Dank wußt,
der selbst gar bang war. Da sagt die Zauberin
zu uns, was wir da wollten? So spra=
chen wir, daß sie mir wahrsagen sollt.
Da fragt sie mich, wer ich sey, so sagt ich,
daß ich Wittfrau sey, das sie nicht glauben
wollen, sagt, daß sie noch nicht so schöne
Wittfrau gesehen, so sagt ich ihr, daß sie
mir wohl glauben mög, so sey ich nun wie=
der Braut, und möcht wissen, ob ich mit
dem andern Mann glücklich seyn werd. Da
sagt sie, das wollt sie mir sagen, und sprach,
daß ich zu ihr in die Kammer kommen sollt,
doch mußt ich vorher ihr sieben Pfennig ge=
ben. So gieng ich hinein, und war halb tod
vor Angst, auch durft deine Schwester mit
kommen. Da steckt die Zauberin viel Lichter an,
und da sah ich das Zimmer ganz schwarz ge=
mahlt, und sie hieß mich niederknien, und
stund zu mir, und macht um mich her einen

Creyß

Creyß mit Zauberzeichen, und schrie etwas her, das ich nicht verstund, und da war es mir, als wann die ganze Kammer voll Teufel und böser Geister gewesen, und sagt auch deine Schwester, daß sie das gesehen hab. Da schlug sie mit dem Stab auf den Boden, und da waren sie weg. Und ich mußt ihr die Hand geben, daraus sie wahrsagte. Da sprach sie: Wann du genug geweinet hast, wirst du fröhlich seyn, und sagt, daß ich nicht mehr forschen sollt. Hernach giengen wir zurück, und war ich traurig, daß ich nicht mehr wußt, und sagt zu deiner Schwester, daß die Worte gar dunkel wären, so sagt sie, daß sie gar deutlich wären, hätt genug um meinen Hainz geweint, nun werd ich fröhlich seyn mit Ritter Marquard. Da wollt ich zweyfeln, aber sie lacht mich aus, und hat recht gehabt, dann den Morgen darauf Ritter Marquard kommen, und gar froh gewesen ist, daß er mich wieder gesehen, und ich es auch, wie du wohl glauben magst. Hat gar viel Freund und Verwandte mitgenommen, die mich abhohlen wollen, und sind viele vornehme Ritter dabey, daß ich sehr geehret werde,

werde, und ihm viel Dank weiß. Uebermorgen will ich dir das letztemahl von hieraus schreiben, dann St. Elsbeth in 6 Tagen da ist. Wann du mich lieb hast, so sag ja niemand, was ich dir heute geschrieben, daß es nicht offenbahr werde, und bethe fleiffig für mich. Ritter Marquard, und alle miteinander sagen, daß sie nichts von Ritter Cunzen wissen, und doch ist mir noch immer bange. Gehab dich wohl.

21. Am Donnerstag vor St. Elsbethen Tag.

Nun kan ich kaum eine kleine Zeit davon reissen, um dir zu schreiben, bevor ich die Stadt verlasse, und iezt da ich schreibe, schlaft wohl alles in der Stadt, ausgenommen ich. So bin ich seit etlichen Tagen in gar grossen Unruhen, dann ich besucht werde, und meine Sachen einpacke, und wieder besuche, und mich zur Reyse fertig mache. Nun wollen wir morgen frühe noch eine Messe hören, hernach bey meinem Bruder ein Angebissen nehmen, und hernach fort, und hoffen wir Abends bey guter Zeit in Seyfriedsberg zu seyn.

E Wann

Wann nur der Tag nicht so kurz wär, oder daß wir Mondschein hätten, dann ich mir immer noch förchte. So lacht mich Ritter Marquard aus mit meiner Forcht, spricht, daß es keine Gefahr hab, daß man von Ritter Cunzen gar nichts wiß und hör, daß sich niemand trauen werd, uns anzugreiffen, weil über 70 zu Pferd seyn werden. So wollt er sich auch selbst nicht sehr rüsten, und neben mir reuten, dann ich selbst reuten werde, und mir der Ritter einen gar schönen Schimmel dazu mitgebracht hat. Mein Kind aber wird Meze bey sich auf einem Wagen behalten, den ich wohl habe verwahren lassen, so soll auch, so viel ich mitnehme Kleider und Haußrath, auf Wagen nachgeführt werden. Bethe doch fleissig für mich, liebe Teutiche, und für den Ritter, und für mein Kind, dann mir das wohl noth ist, und ich auch für euch thun will. Wann du mir schreibest, so schicke den Brief an meinen Bruder, oder an deine Schwester, die ihn zu mir schicken werden, so will ichs mit meinen Brieffen eben so machen, werd dir aber nicht so oft schreiben können, wie biß iezt geschehen ist. Leb wohl. Jezt muß ich sehen, wie ich
noch

noch ein paar Stunden schlafen kan, will mich zum wenigsten niederlegen.

22. * Am Donnerstag vor St. Andreas Tag, des h. Zwelffbothen.

Ihr habt mir geschrieben, vielgeehrte Frau Teutsche Vetterin, daß ein Geschrey gehe in Werth, daß Ritter Marquard von S*** da er seine Braut, meine liebe Schwester Elsbeth R***, auf sein Schloß nach Seyfridsberg geführet, von seinen Feinden sey angegriffen und erschlagen worden. Nun muß ich euch darauf melden, was wahr ist, und wir davon wissen, damit ihr nicht lange im Zweifel seyn möget, wiewohl ich sehr wenig Zeit habe, und mein Amt und die Zeitläufte fast schnell und bedenklich aussehen. So muß ich euch nun schreiben, daß, da meine Schwester mit ihrem Bräutigam abgereyset, wir alle gehoffet, den andern Tag Kundschaft zu haben, daß sie wohl in ihrem Schlosse angelanget seyn möchten. So wär ich gar gerne mit gewesen, wo mich nicht mein Amt, und die schnelle Läuffe,

E 2 und

* Folgende 4 Briefe sind von einer andern Hand.

und auch mein Weib, die, wie ihr wohl wissset, eine Kindbetterin ist, zurück gehalten hätten. Nun kamen, gleich wie es Tag worden, einige Reuter für das Thor, die mit beym Zug gewesen waren, und erschröckten die ganze Stadt gar sehr, mich aber am meisten. Die brachten die Mähre, daß sie von der Nacht auf ihrem Zug seyen überfallen worden, und da sie zum Wald bey Usterspach gekommen, da seyen sie von Reutern gar unverhoft und urplötzlich angegriffen worden. So hätten sie sich zwar rechtschaffen gewehrt, seyen aber übermannet gewesen, viele erschlagen, einige gefangen und zerstreut worden, und wüßten sie nicht, wie es Ritter Marquard, und meiner Schwester ergangen. Da beschloß ich, das einem Ersamen Rath anzuzeigen, und trug man mir auf, eilend Kundschafter auszuschicken, die uns weiter Nachricht geben möchten. So schickt ich eilend einen Bothen nach Seyfridsberg, und Kundschafter gen Villenbach, weil ich nicht zweyfelte, daß der Angrif von Ritter Cunzen geschehen; daß sie kundschaften sollten, ob sie nichts von meiner Schwester erführen. Da kam auf den Mittag ein Wagen, und kam darauf

auf Meze mit dem Kinde, die sagt, daß die Wägen wohl hinter den Reutern gefahren; so hätt sie im Wald ein gar großen Lermen gehöret, wie wann eine Mannsschlacht wär, und hätten auch deswegen die Wägen alle still gehalten. Da sey ihr erschröcklich angst und bange worden, sey [mit dem Kind vom Wagen abgestiegen, und in das Dorf zurück gelauffen, wodurch sie zuletzt gefahren. Dort hab sie einen Bauren gebethen, sie in sein Haus zu nehmen, der hab es gethan, und sey eben der, der sie hieher bring. Hab erfahren, daß der Feind alles erschlagen, und die Wägen geplündert, und alles geraubet hab. Da waren wir sehr betrübt, da wir das hörten, und blieben noch denselben Tag, und die ganze Nacht im Zweyfel und Kummer. Und hat die Meze gar schrecklich um ihre Frau geweint, wie sie dann eine gar treue Magd ist, das wir wohl sagen mögen. So kam den Tag darauf der Both von Seyfriedsberg zurück, und kam mit ihm Hermann von S***, Ritter Marquards Bruder, und noch andere Ritter und Knechte, die da beym Ritt gewesen waren, und Hermann kam zu mir, und erzählt mir, was er wußt,

und sagt: Wären alle gar guten Muths gewesen, und hätten sich nichts minders, als Feinds Gefahr träumen lassen. So hab er selbst, wie sie auf den Ritter und seine Braut gewartet, den Zug in zwey Hauffen getheilt, und hab er den ersten Hauffen geführet. Sey ein Unfall gewesen, daß sie zu Gessertshausen gefüttert, und sich in der Kirch zu lange mit Bethen verweilet, darüber die Nacht eingebrochen. Doch hätten sie gar nichts übels vermuthet, und sey er mit seinem Hauffen durch Usterspach, und durch den Wald geritten, ohne Unrath zu merken, und hab geglaubt, der andre Hauffen werd wohl nachkommen; und geh langsam der Braut zu gefallen, so wollt er eilen, das Schloß zu erreichen, um daß sie wohl empfangen werden möchten. Wie er nun nach Seyfriedsberg mit seinem Hauffen gekommen, da sey alles gar guten Muths gewesen, und hab sich gar eine Menge Landvolk, und armer Leuthe des Ritters im Hof gesammelt, die Braut zu sehen, von der sie gehöret, daß sie gar schön und fromm wär, das ihnen große Freude gemacht. So hätten sie aber gar lange gewartet, und nichts vom andern Hauffen gehört noch
gese-

gesehen, wär ihnen fast bang darüber worden, und hätt er nicht gewußt, was sie glauben und denken sollen. Da seyen ihrer viele, und er selbst, wieder fort vom Schloß, und hätten Fackeln angesteckt, und dem Ritter mit der Braut entgegen reuten wollen. Da sey ihm aber nicht weit vom Schloß ein Reuter begegnet, der zu Fuß gegangen, und sein Pferd hinter sich geführet. So haben sie ihn angerufen, wo er hinaus wollt, auch wo er herkäm, da hab er gesagt, daß er gar böse Mähre hab, und daß er Ritter Marquards Leichnam auf seinem Pferd mitbring. Da erschracken sie, wie Hermann von S*** sagt, gar gewaltig, und stund alles um das Pferd her, und leuchtet mit Fackeln, und sah, daß es leyder wahr war, was der Reuter gesagt, und fragten sie ihn gar fast, aber es war des fragens so viel, daß sie beschlossen, ins Schloß zurück zu reuten, und es ihnen erzählen zu lassen, weil er sagte, daß niemand mehr auf dem Weg anzutreffen sey. Da sie nun zurück gekommen, sey unter dem Landvolk ein groß Winseln und Heulen und Wehklagen entstanden, da sie den Leichnam des Ritters erblickt, und haben sie ihn besichtigt,

tigt, daß er durch einen Pfeil gar nah am Herzen verwundet worden, und daß er sich ganz verblutet hätt, das schröcklich anzusehen gewesen sey. Hernach hab Rappot der Reuter das erzählet: Wie sie gegen den Wald bey Usterspach mit dem Zuge gekommen, da haben sie Facklen angezündet, weil es fast Nacht gewesen, und die Braut sich geforchten, wiewohl keiner von ihnen Arges vermuthet. So seyen sie urplötzlich von einem gar grossen Hauffen Reuter angegriffen worden, der über 200 möge stark gewesen seyn, und sie nicht 40. Das dann auch wahr gewesen, weil die andern voraus geritten waren. Da hätten sie zwar Widerstand gethan, wären aber viele erschlagen und gefangen worden, die andern zerstreuet und geflohen. So wär nun er auch geflohen, und hätt Sicherheit gesucht, und nicht gesehen, wie es dem Ritter noch der Braut gegangen sey. Item nachdem er nun lange allein herumgeirret, da hab er gedacht, daß er nun wohl nach Seyfriedsberg kehren möcht, dann die Straße vom Feind verlassen seyn würd, und sich auf den Weg gemacht. Da er nun in den Wald gekommen, wo die Manns-

schlacht

schlacht gehalten worden, da hab sein Pferd stille gehalten, und hab er vor Nacht nicht sehen können, was daran Ursache gewesen. So hab er aber ein Aechzen und Stönen, wie von einem Menschen der sterben wollt, gehöret. Da sey er vom Pferd gestiegen, und hab um sich gegriffen, und wohl gemerkt, daß ein Mensch vor ihm låg, da hab er ihn angeruffen, wer er sey, da hätt er nur darauf geseufzt, und gesagt: Wasser, und mehr hab er nicht sagen können. Da sey er hingegangen, und hab mit seinem Helm aus einer Lache Wasser geschöpft, zu dem Mann gebracht, und ihn damit gelabet. So hab er hernach angefangen zu reden, und ihm gedankt. Hab gesagt, wisset, daß ich Ritter Marquard bin, bin gar schwer verwundet, und muß daran sterben, und kommt das gewiß von Cunz von B***, der mir feind ist. So will ich noch für ihn bethen zu Gott und seiner heiligen Mutter, daß ihm dieses mög verziehen werden. So suchet nun meine Braut zu retten, die er wohl geraubet und mitgeführet hat, und wann ich iezt tod bin, das bald seyn wird, so bringt meinen Leichnam auf mein Schloß, und nimmt den

Ring vom Finger, den mir meine Braut geschenket. Tragt ihn nach K***, und bittet Ritter Hansen, daß er sich ihrer annehme, das er gern thun wird. Darauf hab er nichts mehr reden können, und sey in Rappots Armen gestorben. Diese Kundschaft hat mich gar viele Zähren gekostet, und wird auch wohl weinen, wer noch davon höret. So fuhr Hermann von Sch*** fort, da hätten sie den Leichnam gewaschen, und wird er nun zur Erde bestattet werden. Den Rappot aber hätten sie gleich nach K*** abgeschickt, Ritter Hansen zuzureden, daß er mit ihnen einen Ritt thun mög, auf Cunzen von V***, und vorher mit seinen Leuten auf Augspurg zu reuten. So wollt er mich nun bitten, mich ihrer und meiner Schwester anzunehmen, und E. E. Rath zu bewegen, Ritter Cunzen den Krieg anzukünden, und ihn des Frevels zu bestrafen; das ich ihm auch versprochen. Hernach sind auch die Kundschafter zurückgekommen, die wir ausgeschickt hatten gen Villenbach, haben mitgebracht, daß den Tag vor St. Elsbeth wohl 100 Spieße in das Schloß geritten wären, auch wären viele Ritter aus der Nachbarschaft mit ihren Knech-

ten

ten und Leuthen dahin gezogen. So sey alsdann an St. Elsbeth, der Ritter Cunz ausgezogen, und hab niemand gewußt, wo er sich hingewendet. Hernach um Mitternacht sey alles wieder zurück gekommen, mit großem Jauchzen und Freuden-Geschrey. Da haben die Leuthe gesehen, daß Wagen mitgekommen, und sey auf einem derselben jemand gesessen, den sie nach der Stimme für eine Frau gehalten, und habe sie gar erbärmlich gewinselt und geschrien. Hernach den andern Morgen, seyen die Spiese wiederum abgezogen, haben einige Gefangene mit geführt, und wisse niemand, was es zu bedeuten gehabt hab. So viel haben sie mitgebracht, und das ist es, was wir erfahren. So vermuthen wir nun, daß meine Schwester noch leb, aber von Ritter Cunzen geraubet sey, und hab ich iezt vorgekehrt, und einen erbaren Rath beredet, auf ihre Erlösung zu sinnen, und will nur noch Ritter Hansen erwarten. Das hab ich euch einsweils schreiben wollen, vielgeehrte Frau Teutiche Vetterin, damit ihr es wisset, und für meine arme Schwester bethet, die Gott und seine h. Mutter in ihren Schutz nehmen, und

aus

aus allem Elend erlösen woll. Amen. So bald ich noch mehr hör, will ich euchs schreiben, wann ich nur Zeit dazu finb.

23. Am Montag vor St. Niclas Tag des heil. Bischofs.

Seitdem ich euch geschrieben hab, vielgeehrte Frau Teutiche Vetterin, hab ich leider noch gar nichts von meiner lieben Schwester erfahren können. Nun ist der Marschalk von B** herein gekommen, den ich gar lang schon kenn, der hat mir erzählt, wie ihr iezt hören werdet. Sey ungefähr sechs Wochen, da sey Ritter Cunz, der sein Nachbar wär, zu ihm kommen, und hab ihn gebethen, mit ihm einen Ritt zu thun, zumahl er gegen Hermann von Eisenburg Anspruch und Forderung hätt, die ihm durch Recht nicht werden möchten. So hab er ihm das nicht versagen können, massen er vorher oft einen guten Ritt mit ihm gethan hab, und hab Ritter Cunz gesagt, daß er ihm einen Bothen schicken wollt, wann es Zeit wär. Habe gar gute Kundschaffter, die ihm von allem Kundschaft geben, das auch wahr gewesen seyn mag. Da sey ein Both den Tag vor

vor St. Elsbeth nach Vorberg gekommen, und hab ihn nach Villenbach beschieden, dahin er auch mit seinen Leuthen geritten. Häb dort gar viel von seinen Nachbarn und Verwandten, die Marschalken von Biberbach und Wertingen, und die von Welden, die Güßen, die Seine, und die von Rechberg, und ihrer gar viel andere angetroffe, sey auch eine grosse Menge Spiesse da gewesen, die Ritter Cunz von Landsperg dahin kommen lassen, und in Sold genommen. So haben sie die ganze Nacht gezecht, und wären guts Muths gewesen, gegen Mittag aber langsam fortgeritten, und erst gegen Abend nach Usterspach in der Reichenau, kommen, und habe Ritter Cunz sie in den Wald versteckt, und stille halten heissen, bis er Befehl gäb zum Angriff. Da sey ein Hauffen fast lustig durch den Wald geritten, und hätten sie dem nichts gethan, wären auch nicht bemerkt worden. Darauf sey ein anderer gekommen, und seyen eine mit Fackeln vorangeritten. Da hab Ritter Cunz den Armbrust genommen, und losgedrückt, und sey der, auf den er gezielet, vom Pferd gefallen, und ohne Zweifel plötzlich tod gewesen. So hätten sie angegriffen, und seyen viele, und auch

der

der von C*** erschlagen, und die andern alle gefangen oder zerstreuet worden, auch hätten sie Sackmann gemacht, und geraubet, was auf den Wagen sey geführet worden. Ritter Cunz aber hab sich einer gar schönen Frau, die mit geritten, habhaft gemacht, und hab sie auf einen Wagen gesezt, und nach Villenbach gebracht, wo sie nachgekommen, und große Beute unter sich getheilt, und haben die Spiese die Gefangenen mit sich nach Landsperg genommen. Die Frau aber hab Ritter Cunz für sich behalten. Nun hab er erst gehört, daß diese Frau meine Schwester, und der Ritter Marquard von S***, und die meiste, die dabey gewesen, seine freundliche liebe Burger von Augspurg gewesen. So sey ihm das nun gar leid, dann er nicht in Unfried mit uns zu leben begehrte, und auch Ritter Marquard ihm nichts zu leid gethan hab. So wollt er mir Fried anbiethen, und ein Bündniß mit der Stadt zu schliessen, und erbot sich, uns sein Schloß zu öfnen. Da dankt ich ihm, und versprach, es einem Ersamen Rath anzuzeigen. Da kam hernach Rappot, der Reuter, von K*** zurück und nach Augspurg, wo ihn Hermann

von

von Sch*** hinbeschieden, und bracht uns Ausweis, daß in zwey Tagen Ritter Hans hier seyn, und viele Freund, und vornehme Ritter mitbringen würd, und sey er gar traurig gewesen, da er Ritter Marquards Unfall vernommen, und hab sogleich zu einem Ritt Vorkehrung gemacht. Da berichtet ich das einem Ersamen Rath, und schlug vor, die halbe Stadt auszuschicken gen Villenbach, um es zu zerstören, das wohl seyn müßt, wo wir vor Ritter Kunz wollten Fried haben, und den Ritter Hansen zum Obristen zu bestellen, und hat das ein Ersamer Rath für gut angesehen, und fünf Hauptleuth bestellt über den raisigen Zeug; die sind: Stephan Hangenor, Hans Langemantel von Radau, Jerg Rem, Bastian Ilsung, und Jos. Onsorg, euer Schwager. So ist darauf Ritter Hans ankommen. Hat gar gern den Sold genommen, und mit meiner Schwester groß Mitleiden gehabt, daß er auch darüber geweinet, das ich von einem Ritter nimmer gesehen hab. Hat versprochen, zu thun, was er könn, um sie zu befreyen, dann er sie noch fast lieb und ehr, wann schon sie Ritter Marquard ihm vorgezogen, doch wiß er auch,

daß

daß sie auf ihn nicht bös gesinnet sey. Ist eine große Freud unter den Reisigen gewesen, daß Ritter Hans Obrister worden, und hat er Anstalt gemacht, daß sie heut in aller Früh ausgezogen, und nun wohl vor Villenbach angelangt seyn werden. Hat ihnen jedermann Glück und Sieg gewünscht, dann ich wohl sagen kan, daß meine Schwester viel guter Freund hat, die ihren Unfall gar fast bedauren. So wünsch ich ihnen nun auch Glück, und bitt Gott, und alle Heilige, um Schutz und Beystand für meine Schwester, und das möget ihr wohl auch thun. Meine Frau lässet euch grüssen. Sie hat iezt ihr Kindbett verlassen, ist aber fast krank über den Schrecken von meiner Schwester. Grüsset mir Ritter Frizen. So bald ich etwas hör, will ich euch schreiben.

24. Am Montag nach unsrer lieben Frauen Tag, da sie empfangen ward.

Will euch nur ein paar Worte schreiben, vielgeehrte Frau Teutiche Vetterin, die euch trösten mögen wegen meiner Schwester. Item Ritter Hans hat einen Bothen in die

die Stadt gesandt, der hat Nachricht gebracht, daß er die Veste Villenbach mit Sturm erstiegen, Ritter Cunzen erschlagen, und meine liebe Schwester befreyet. So mögt ihr nun guten Muth haben, und euch mit uns des freuen. Morgen werden sie in die Stadt kommen, und will ich euch alsdann mehr schreiben.

25. An St. Stephans Tag.

Um euch Wort zu halten, vielgeliebte Frau Teutiche Vetterin, das ich euch gegeben hab, so will ich euch iezt schreiben, daß Ritter Hans mit seinem Volk, und meiner lieben Schwester, glücklich von seinem Zug zurück gekommen. Sind ihnen die Leuth Stunden weiß entgegen gelauffen, und ist ein groß Frohlocken und Freudengeschrey unter den Burgern gewesen, daß es auch einer Empörung fast gleich gewesen. Und bin ich ihr auch entgegen, mit meinem Weibe, und mit der Frau Burggräfin von Burtenbach, Ritter Hansens Schwester, und mit der Frau Onsorgin, eurer Schwester bis Gablingen, und habe sie dort erwartet bey Ritter Verchtold von K* auf dem

dem Schloß, und sind hernach ein wenig voraus hereingezogen in die Stadt. Da hat der Zug vor dem Rathhauß gehalten, Ritter Hans aber mit den Hauptleuthen sind für mein Hauß kommen, und haben meine Schwester mitbracht, die hat vor Freuden geweint, und wir alle haben mit geweint, da wir sie gesehen haben, und hatten wir ihr schon ein warmes Bett bereitet, weil sie fast müd und vor Noth und Schrecken siech war, worein wir sie legten. Und waren viel Freunde da, sie zu begrüssen, und zu hören, wie es ihr gangen, so liessen wir aber ihr nicht zu zu reden, bis daß es baß werden möcht. War gar erbärmlich anzusehen, und ihre Augen roth, und trieffend von Zähren, auch war sie gar bleich und mager, auch ganz unkenntbar. Hernach bin ich mit Ritter Hansen und den Hauptleuten auf das Rathhauß gangen, und erzählt er dort, was er verrichtet. Damit war ein Ersamer Rath gar wohl zufrieden, und dankt ihm sehr, und macht ihm ein stattlich Geschenk, das war ein ganz gerüstet Pferd, und ließ jedem seiner Leuthe ein Maas Wein geben, damit sie gar wohl vergnügt waren. So bath ein Ersamer Rath

Ritter

Ritter Hansen, seinen Zug beschreiben zu lassen, damit es konnte verwahret werden zum ewigen Gedächtnis, das er auch gethan hat, und will ich euch den Brief schicken, den er einem Ersamen Rath hat schreiben lassen. Hernach sind wir vom Rathhauß in mein Hauß zurückgegangen, und haben noch mehr Leuth dort angetroffen, die meine Schwester begrüssen wollen, zum Theil aus Freundschaft, zum Theil aber aus Fürwitz, das aber mein Weib nicht hat zugeben wollen. Da hat inzwischen meine Schwester gar fast nach ihrem Kind gefragt, und hat ihr das Meze bringen müssen, und ist eine Freude gewesen, die nicht zu schreiben ist, und hat mit ihnen weinen müssen vor Freuden, wer es mit angesehen. Hernach bin ich mit Ritter Hans dazu kommen, da hat er gesagt, wie sie lebe, und große Freude gehabt, daß er es gewesen, der sie befreyen können, und gewunschen, daß sie iezt immer glücklich seyn mög, und daß sie an ihn immer gedenken mög. Da hat ihm meine Schwester nicht antworten können, so war sie unruhig, und hat die Hand des Ritters in ihre Hände genommen, und gedrücket, weil sie nicht im Stand gewesen,

ihm

ihm das zu danken, und ist darüber der Ritter gar gerühret worden. Hernach haben wir sie in Ruh gelassen, und hoffen iezt, daß sie sich bald wieder erhohlen soll. So hat sie mich nun gebethen, euch einsweils zu schreiben, weil wir noch nicht zugeben mögen, daß sie es thu. Doch läßt sie nicht nach, bis ich ihr zugebe, nur zwey Zeilen zuzusetzen, das ich wohl thun muß, ihr zu Gefallen.

„Gott grüsse dich, meine liebe Teutiche. Ich danke ihm, und der heil. Gottesgebährerin, und der heil. Elisabeth, und allen Heiligen im Himmel, daß sie mich beschützet und errettet. O was ich ausgestanden hab, seit dem ich dir geschrieben hab, kan ich iezt nicht schreiben. Aber ich will dir alles schreiben, wann ich wieder Kräfte dazu hab.„

Jezt sollet ihr lesen, was Ritter Hans einem Ersamen Rath zugestellt, und mir verzeyhen, wann ich euch nicht mehr schreib, und daß meine Schwester thun laß, die es sonst gethan hat.

* * *

„Fürsichtige, Ersame, weise Herren und Freund, mein Dienst zuvor. Item ihr sollet wissen, daß ein Ersamer Rath zu Augspurg

mich

mich Hans von K***, Ritter, bestellt hat zu einem Obristen gegen Cunzen von Villenbach, daß ich dem Rath getreu dienen sollt, und das Volk anzuführen, die Veste Villenbach zu zerbrechen, um der Stöße und Raubs willen, darum, daß Ritter Cunz von V***, den Marquard von Sch***, Ritter, der der Stadt Freund war, angegriffen und bößlich erschlagen, und seine Braut und all ihr Gut räublich genommen, und hinweggeführet hat. So sollet ihr wissen, daß ich mit dem Volk bin auszogen in aller Still, und ankommen vor der Veste, eh wir sind verkundschaftet worden, und uns davor gelagert. Da hab ich Bottschaft thun lassen dem Ritter Cunzen, ob noch Glimpf fruchten, und Güte möcht von ihm angenommen werden, weil mir fast bang war um Frau Elsbeth, daß er ihr Leid anthun möcht. Da schickt ich hinein in das Schloß Stephan den Hangenohr, und Jergen den Remen, die Hauptleuthe, und ließ ihm wissen, daß, wo er das Schloß räumen, und Frau Elsbeth herausgeben wollt, ihm an Leib und Gütern kein Leid geschehen sollt. So ließ er mir darauf wissen, daß er es nicht thun wollt,

wollt, nnd antwortet troßiglich, daß ihm lieber all sein Gut zu Grund gehen, eh er Frau Elsbeth herausgeb, und soll das nicht geschehen, so lang er Cunz heiſſen werd, und wollte ſich wehren. Da ich das nun hört, da ordnet ich Anſchlag, das Schloß zu ſtürmen, und ließ Leitern zurichten, auf die Mauren zu ſteigen, da fiel Ritter Cunz aus gegen mich, ich aber ſchlug ihn zurück, und verlohr er dabey viel Volks. Hernach ließ ich Sturm lauffen, den er aber abſchlug, daß wir zurückziehen mußten, da hieß ich abermahls Sturm lauffen, und mußt noch einmahl weichen, weil Ritter Cunz gar grimmiglich ſich zu Wehr ſetzte. So ließ ich den Morgen darauf zum drittenmahl zum Starm gebiethen, und friſchte die Leuth an, und verſprach ihnen groſſen Lohn und Dank. Da hielten ſie ſich wohl, und erſtiegen die Mauren, und ſprengten das Thor auf, und wir drangen hinein, und gewannen die Burg. Und hat das Stürmen lang gewähret, und wohl Blut gekoſtet, und in drey Stürmen und Ausfällen über 200 Mann geblieben. Da wir aber die Burg gewonnen hatten, da wollt ich Frau Elsbeth aufſuchen, und Ritter Cun-

zen,

zen, und die andern Ritter, von denen ich wußt, daß sie bey ihm waren, und kroch durch alle Winkel und Löcher, die in der Burg waren, fand aber der keinen. Da gedacht ich, daß sie müßten entflohen seyn, und Frau Elsbeth mitgenommen haben, wiewohl ich nicht wußt, wo sie hinausgekommen seyn mochten. So befahl ich allen Rittern, und den Spiessen und Söldnern, die ich bey mir hatte, aufzusitzen, und zertheilte sie, je zehen und zehen, und hieß sie ausreuthen rings um das Schloß her, daß sie einander konnten sehen und zuruffen, und ritt selbst mit. Den andern aber befahl ich, da zu bleiben, und die Burg zu zerbrechen, und mit Feur zu verbrennen, daß kein Stein sollt auf dem andern bleiben. Da wir nun ausgeritten waren, und lange umsonst gesucht hatten, da hört ich durch den Wald Pferde jagen, und Wagen treiben, und hört auch wehklagen. Da ritt ich darauf zu, und sah Frau Elsbeth auf dem Wagen, und Ritter Cunzen und andere umher, da gab ich ein Zeichen, und alle Ritter und Spiesse kamen zu mir, und fielen wir über Ritter Cunzen. Da wollt er einen Streich thun mit dem Schwerdt

F 4 auf

auf Frau Elsbeth. Aber ich kam dem zuvor, und haut ihn dermassen, daß sein Helm zerspaltete, und er ganz betäubt war, da haut ich nochmahl, und schlug ihm den Kopf entzwey. Da brüllt er wie ein Rind, das geschlachtet wird, und fiel vor mir nieder, und die Ritter und Spiesse, die um ihn waren, die flohen, und zum Theil wurden gefangen. Da ritt ich zu Frau Elsbeth, und sah, daß sie unmächtig da lag im Wagen. Da es aber das mit ihr worden war, da zogen wir zurück zur Burg, und zerbrachen sie ganz, und machten sie zu einem Steinhauffen, und darauf zogen wir zurück zur Stadt. So hab nun ich Hans von K***, Ritter, alles das gethan, was ein Ersamer Rath der Stadt Augspurg mich hat geheissen, und mir befohlen, und hab die Burg Villenbach zerbrochen, und Frau Elsbeth befreyt, und das gethan, was ich zu thun schuldig gewesen. Item sollet ihr wissen, Ersame liebe Herren und Freund, daß ich euch für das stattliche Geschenk, das ihr mir gemacht habt, grossen Dank weiß, und es erkenne, daß ich kaum es verdient hab, und so ihr mich weiter brauchet, will ich euch gerne dienen.

Hans von K***, Ritter.
26. An

26. An Fabian und Sebastian Tag.

O liebe, liebe Teutiche, wie es mich freut, daß ich dir wieder schreiben kan. Was ich ausgestanden hab, seit-dem ich mit Ritter Marquard, den GOtt tröst, und ihm eine fröhliche Urständ verleyh, bin auszogen, das kanst du nimmermehr glauben, und wär es kein Wunder, wann ich vor Angst und Kummer wär zergangen, wann mir nicht GOtt wär beygestanden, und mich hätte beschützet, und die heilige Mutter Gottes, und die heilige Elisabeth, und alle Heilige, die ich dafür preisen, und ihnen danken will, und wann nicht Ritter Hans von K*** mich hätt errettet, und meinen Feind hätt erschlagen, den Cunzen von B***, dessen Seel GOtt gnädig seyn, und sich ihrer erbarmen wolle, dann sie Erbarmens wohl wird Noth haben. Ist das mein Trost, daß viel Leuth um mich haben geweint, und hab ich gesehen, daß ich gar viel gute Freund hab, und hast auch du geweinet, liebe Teutiche, und groß Mitleiden um mich gehabt, dafür ich dir gar viel Dank weiß, und dich immer mehr lieb hab, das du auch fast verdienest. So muß ich auch dir nicht verhalten, daß ich im grösten Elend, das ich erlitten, an dich gedacht hab, und Mitleid mit dir gehabt, darum daß ich glaubte, und des gewiß war, daß du Mitleiden mit mir hättest, wann du wüßtest, wie es mir gangen wär. So will ich dir nun erzählen, was ich erlitten hab, weil du das wünschest, weil ich nun, Gott Lob, wohl auf bin, und des schreibens nicht müd werde, auch der Arzt, und mein Bruder, das zugeben. Item an dem Tag, wie wir abgeritten waren von Augspurg, da war es gar schön und heiter, und hatten wir guten Weg, und hoften wir, bald auf dem Schloß Seyfriedsberg anzukommen. So mußten wir aber stille halten zu Gessertshausen, das halb Weg ist, und unsere Pferd füttern, und beschlossen wir, unterdessen in die Kirch zu gehen, und zu bethen. So ist nicht weit davon eine gar schöne Kirch, die man Diekirch heisset, darum daß es eine alte Sage ist, daß eine Stimme vom Himmel sie so genennet, und hielten wir uns daselbst auf wohl eine Stund. Da war indessen der Abend angebrochen, und dauchte mir, als wann die Sonne viel eher, als sonst, wär untergangen. Da ward mir fast bang, das merkt Ritter Marquard, quarb, und lacht meiner, und schalt mich zaghaft, tröstet mich, und sagt, daß wir nichts zu förchten hätten, und wollt er Facklen anzünden lassen, wann wir zum Walde kämen. Und war er fast guten Muths, und alle die um ihn waren. Und ritt Hermann von Sch***, sein Bruder, mit einem Haufen voraus, und wir waren bey einem andern in der Mitte, und ein dritter war bey den Wagen, und war auf der einem Meze mit dem Kinde. Und da wir zum Wald kamen bey Usterspach, da ließ Ritter Marquard Facklen anstecken und leuchten, sein Bruder aber, Hermann, war voraus geritten. So kamen wir nun in den Wald, und da hört ich etwas krachen, und sah, wie Ritter Marquard herabfiel von seinem Pferd. Da erschrack ich, und schrie Jesu, Maria, was ist das? und kam fast von Sinnen vor Schröcken, und wollt umkehren, und aus dem Wald fliehen. Da sah ich, daß gar viele geharnischte Reuter aus dem Wald hervorbrachen, und über uns fielen, und ihrer viere kamen auf mich, und nahmen mein Pferd beym Zügel, und einer mich am Arm, und rannten mit mir hinein in den Wald, und half da kein Schreyen

noch)

noch Widerstreben. Da satzten sie mich auf einen Wagen, daran 6 Pferde gespannet waren, und banden mir die Händ, und die Füsse, und ein Tuch um den Mund, daß ich mich nicht regen noch schreyen konnt, und ist nur Wunder, daß ich nicht alle Sinnen verlohren hab vor Schröcken und Entsetzen. Da fuhren wir viele Stunden lang durch den Wald in gröster Eil, und war so Nacht, daß wir nichts sehen konnten, und wußt ich nicht, wo wir waren, noch hinfuhren, noch wer mein Feind war, den ich wohl Ritter Cunzen zu seyn glaubte. Da wir aber gar lang gefahren waren, da kamen wir einen Berg hinan, und hielten da still vor hohen Mauren. So ruft ein Wächter uns an, Wer da? und antwortet einer: Macht auf, der Ritter. Da ließ man eine Brück ab, und öfnet das Thor, und fuhren wir hinein, und war mir, wie wann ich in die Hölle sollt geführet werden. Was ich auf dem Weg gedacht, das ist gar nicht zu schreiben, noch zu sagen, dann tausend Ding, die die allerfürchterlichste gewesen, mir sind eingefallen. Da war ich zu Anfang ganz taub, und vermochte gar nicht zu denken, hernach

hielt

aus dem 15 Jahrhundert.

hielt ich alle, die um mich waren, für böse Geister und Zauberer, die mich entführten, hernach fiel mir Ritter Marquard ein, von dem ich wußt, daß er tod war, und mein Kind, von dem ich nicht wußt, ob es noch lebte, noch wo es war hinkommen, und o da winselte ich erbärmlich, und kam ganz von Sinnen, und hätt einen Stein bewegen sollen, aber die so um mich waren, die waren noch härter. Da wir nun in das Schloß kommen waren, da trug man mich in das Hauß eine Stiege hinauf, dann ich nicht gehen konnt, und brachte mich in eine Cammer, und band mich los. Hernach kam ein altes Weib, das deckt einen Tisch, und bracht Speisen und Wein, hernach naht ein Ritter sich zu mir, da erkannt ich beym Licht, daß es Ritter Cunz war, und erschrack dermassen, daß ich zu Boden fiel, und war als wann mich der Blitz troffen hätt. Da sprach er, sollt guten Muth haben, und schlafen, so wollt er morgen mehr mit mir reden. Darauf gieng er, und ließ das Weib bey mir, die hieß Berthe, wie ich hernach hörte, und verriegelte die Cammer. Da sprach Berthe, daß ich essen sollt und trinken; aber ich

ich wollts nicht thun, war auch unmöglich vor Zähren. Da sagt sie, und war ein gar schwazhaftes Weib: sollt nicht immer weinen, möcht meine Augen verderben, und bald grau werden, das ewig schad wär, dürst gar nicht traurig seyn, dann hier niemand sey, der mir übel woll, und zumahl mich der Ritter gar lieb hätt, das ich erfahren würd. Da sagt ich zu ihr, sie sollt essen und trinken, und mich in Ruh lassen, der ich wohl Noth hätt. Da aß sie und trank, alles was da war, ich aber setzt mich auf ein Bett, das da war, und that als wann ich schlief. Da sie aber gessen und trunken hatte, da legt sie sich nieder auf Stroh, und fieng an schröcklich zu schnarchen, und hat das gewähret die ganze Nacht durch. Und hab ich kein Aug zugemacht, und erbärmlich gewinselt, und die Händ gerungen, und war an dem, daß ich verzweyfelte, und hätt' mich nicht die heil. Mutter GOttes gestärket, so hätt ich ein Messer genommen, und mir den Hals abgeschnitten, das ich wohl hätt thun können, und niemand gewehrt, auch mir der böse Geist eingegeben. So hat mich aber GOtt davor geschützet, und hab ich gedacht, daß er Hülf

senden

senden würd, und mich nicht ganz lassen verzagen. Da gelobt ich der heil. Elsbeth einen Altar, wann sie mir beystünd, in Augspurg bey St. Anna Brüdern. Hernach dacht ich nach dem was ich zu thun hätt, aber ich konnt kaum denken, da fiel mir Ritter Marquard ein, und fiel mir mein Kind ein, und alle die, die ich verlassen, sind mir eingefallen, und auch du, liebe Teutsche, und war alsdann des Weinens, und Wehklagens, und Händringens kein Ende. So beschloß ich zuletzt, gegen den Ritter so freundlich zu thun, als mir möglich war, so wollt ich Zeit gewinnen, ob ich nicht könnt entfliehen, oder errettet werden, das ich doch nicht vor mir sah. Da nun der Tag angebrochen, da überfiel mich aber der Schröcken, und zittert und bebt ich, wann ich gedacht, daß nun bald der Ritter kommen würd. So stund ich auf vom Bett, und fiel nieder auf meine Knie, und bethet zu GOtt, und ruft alle Heilige an um Hülfe und Fürsprach, und da wurds mir ein wenig leichter. So sah ich umher, wo ich war, und befand mich in einer Kammer, die wohl dunkel und schlecht war, und hatte gar kleine Fenster, die

waren

waren mit eisernen Stäben und Gittern verwahrt, und da ich hinaus sah, da sah ich nur starke Mauren und Thürme, und war gar fürchterlich anzusehen, und sank mir der Muth wieder, da ich es gesehen hatt. Da wartet ich mit Forcht und Zittern, und mit Angst und Zagen, dann ich wohl glaubte, daß Ritter Cunz bald kommen würd, und da ich noch eine kleine Weil gewartet, da kam er. Da sank mir das Herz, das ich gefaßt hatt, dann ich ihn ansah, als ein Unthier, als einen Mörder und Räuber, und er wollt vorstellen einen Liebhaber. Da grüßt er mich, aber ich wandt die Augen von ihm ab. So sprach er hernach: Frau Elisabeth, jezt seyd ihr in meiner Hand, und darft gegen mich nicht mehr stolz thun. Ist wahr ihr seyd unglücklich durch mich worden, das aber könnt ihr wohl wenden, wann ihr nur wollet. Dann ich euch noch lieb, wie ich euch sonst geliebt hab; und wann ihr mich auch liebet, und euch ergeben wollt in meinen Willen, so soll das euer Glück seyn, und das mögt ihr überlegen, und wohl bedenken. Da konnt ich den Zähren nicht Widerstand thun, so gut ich mir Muth gemacht hatt,

hatt, dann ich geglaubt, daß ich den Bösen vor mir säh, da Ritter Cunz das sagt, so gab ich mir Müh zu reden, konnt aber nicht, und endlich erholt ich mich ein wenig, und sprach: Er sollt mir verzeyhen, wann ich jetzt erschröcklich weinte, da er allein Schuld daran wär, durch den Mord, den er an Ritter Marquard begangen, der mein Bräutigam, und mir fast lieb gewesen, fragt ihn welters, was ich ihm gethan hätt, um daß er mich solchermassen strafte. Sey zwar wahr, daß Marquard mir lieber gewesen als er, so hätt ich ja nicht zweyer seyn können. Hätt ihn auch hoch gehalten und geehrt, aber jetzt komm er mir gar schröcklich für, seit dem er den Mord begangen hab, und sucht er gar zu viel, wann er wollt, daß ich ihn lieb hätt, das ich nicht thun könnt, auch wohl wider meine Pflicht wär. Doch wollt ich noch recht christlich ihm das alles vergeben, und für ihn bethen, und ihn noch für einen gutherzigen Ritter halten, wenn er mich nur frey lassen, und zu meinen Freunden wieder bringen wollt. Da macht er ein grimmiges Gesicht an mich, und seine Augen glühten, und strahlten wie Blitz, und stieß er mit

G   dem

dem Fuß auf den Boden, und schrie: Nein, wollt ihr in Gutem nicht, so werdet ihr mit Gewalt und Schröcken mein seyn. Da erzittert ich, und bebt, und brachen mir die Knie, und fieng an zu ächzen und zu schluchzen, und in der Angst fiel ich vor ihm nieder, und schrie: O Gott, o heiliger Gott, wie weit ists mit mir kommen, was werd ich noch ausstehen müssen! Ja, Ritter, sagt ich, ich bin in eurer Macht, so schonet nur meiner Ehr. Da sprach er: So gebt nach, und reicht mir die Hand in Gutem, sonst werd ich euch wissen zu zwingen, und ihr sollt mich nicht überlisten. Bedenkt euch wohl. In kurzem erfahrt ihr, wer euer Feind ist, ich oder ihr selbst. Könnt mich auf zweyerley Weise haben, als einen Mann, der euch liebet, oder als einen Wüterich, der da weiß sich zu rächen, um verschmähte Lieb. Entschliesset euch bald, und zieht mich nicht auf, wie ihr gethan habt, das iezt nicht mehr angeht. Mögt meinetwegen acht Tag lang weinen, hernach aber mir die Hand reichen. Denkt nicht, daß ich mir förcht, daß man suchen mögt euch zu retten, und schickt euch in den Unfall, darein ihr gebracht seyd. Und hierauf ist er abgegangegangen. Aber liebe Teutiche, ich muß hier aufhören, dann ich allzu wehmüthig werd, und mir noch alle Glieder zittern und beben, wann ich an dieß Elend denk. In kurzem will ich dir weiter schreiben.

27. Am Montag nach St. Pauls Bekehrung.

Will heut fortfahren, liebe Teutiche, dir meinen Jammer zu erzählen, und nicht viel Wort vorher machen, dann ich wohl weiß, daß du gar gierig bist, es zu wissen, und das Ende davon zu hören. Item, da mich Ritter Cunz verlassen hatt, da hab ich stark mit Verzweiflung gerungen, und geheult und gewinselt, wie wann ich der Sinnen beraubet wär, daß auch groß Wunder ist, daß ich es nicht gewesen. Da rannt ich in der Kammer herum, und rang die Händ, und that gar kläglich, aber es war niemand, der mich höret, und sich meiner erbarmet, auch nicht einmahl Berthe. Da hub ich an zu bethen, und wiederholt mein Gelübb, und fand darinn Trost. Oft aber verzweyfelt ich aufs neu, und ruft oft meinem

meinem Heinzen, der mich zuerst geliebt hatt, und schalt den Tod, der ihn mir entrissen, das allein Schuld war, an all meinem Unfall, und wünscht, daß er auch mich von der Welt neh=men möcht. O wann mein Heinz gewußt hätt, was ich erlitten, im Grab hätt er sich umgekehret, vor Schmerz und vor Jammer. Und oft wurd ich versucht, mir das Leben zu nehmen, aber ich überwand, mit Gottes Hülf, dafür ich ihm dank und seiner heil. Mutter, und bin ich in diesem Zustand fünf ganzer Tag und Nächt geblieben, und hab niemand gesehen, als Berthe, die mir Essen und Trinken gebracht hat, das ich gar wenig genommen. Und hab ich sie oft mit Zähren und auf den Knien gebe=then, mir zu sagen, wo mein Kind sey, und ob es noch leb, sie aber wußt nichts, da bath ich sie wehmüthig, den Ritter zu fragen, so ließ er mir wissen, sollt mich nicht darum krän=ken, und sollt ich das haben, so bald ich nur thät, das was er verlangte. Da ich nun so lang in dieser Noth gewesen, und kein Hoffen da war, da kamen eins Abends vier Männer zu mir, mit Pickel=Hauben und Brust=Harni=schen, und trug einer ein Licht in der Hand,

und

und sprachen zu mir, daß ich ihnen folgen müßt. Das wollt ich nicht thun, und konnt auch nicht, dann ich fast tod war vor Schrecken, und nichts gewissers glaubt, als daß man mich abhohlte zum Schlacht=Opfer der Wuth des Ritters, da nahmen mich ihrer zwey unter den Armen, und schleppten mich hinweg, und sank ich dabey in Ohnmacht, und sah nicht, wo man mich hinbracht, noch was man mit mir trieb. Da ich aber wieder zu mir kam, da lag ich auf Stroh, und Berthe kniete vor mir, und labt mich mit Wasser, und bethet, und hatt auch Mitleids mit mir, das ich vorher nie gemerkt hatt. Und da ich umher sah, da schrie ich: Heil. Mutter Gottes, wo bin ich? und was wirds noch werden? Da sah ich, daß ich in einem Gewölb war, das auf starken Pfeilern war, und waren da, groß überschwengliche Schätze darinn, in Küsten verwahret, und starke eiserne Thüren, mit mächtigen Schlössern, aber keinen Tag sah ich nicht, und das Wasser floß herab, wie Zähren, von den Mauren, und netzten mir Stroh und Kleider, die ich selbst netzte mit meinen Thränen. Da bath ich Berthen, und beschwor sie um um Gottes und aller Heiligen willen, mir zu sagen, was das wär, und warum man mich hieher gebracht hätt, sie aber thats nicht, und war wieder mit mir gar hart und grausam. Einsmahls aber, da sie hinausgegangen war, mir Speise zu bringen, da lauscht ich an der Thür, weil ich die Männer reden hört, die mich bewachten. Da fragt einer den andern, Wie es steh? sagt der ander, sieht gar schlecht aus mit uns, zwar haben wir zween Sturm abgeschlagen, so rüsten sie aber zum dritten, und wann wir nicht Zuschub und Hülfe bekommen, so werden sie die Burg gewinnen und zerbrechen. Sagt der erste: Wann ich Ritter Cunz wär, so wollt ich das nicht thun, und das Weib hergeben, das man wollt. Da sagt der ander: Ich wollts auch thun, so hab ich groß Mitleid mit ihr, weil sie solche Härte nicht verdienet, und besser Glück wohl werth wär. Da aber kam Berthe, und ich konnt nichts mehr vernehmen, so faßt ich nun wieder etwas Muth, weil ich hört, daß die Burg belagert wurd, und hoft, wann sie gewunnen, daß ich alsdann befreyet seyn würd, so wußt ich aber noch nicht, von wem sie belagert wurd.

Da

Da aber Berthe gekommen war, da legt ich mich nieder auf das Stroh, und war nun voll Hoffens, und kam mich der Schlaf an, das fast nicht war geschehen, seit dem ich auf das Schloß war gebracht worden. Als aber ich ein wenig schlummert, da ward ich erweckt durch ein grosses Gerassel und Getöse, und zittert mir aber das Herz im Leib vor Angst und vor Sorgen. So macht man die eyserne Thür auf, und vier Männer mit Pickelhauben und Panzern kamen herein, und trugen brennende Fackeln, so dacht ich heiliger Gott was will das werden! Hernach kam nach ihnen Ritter Cunz, und noch mehr geharnischte giengen hinter ihm her. Da gieng Ritter Cunz auf mich zu, und schreyt: Fort! mir nach! Ich aber wollt nicht. Da ruft er noch einmahl, fort! und nahm mich bey der Hand, und zog mich, aber ich konnt nicht gehen, so brüllt er zum drittenmahl: Fort, aber ich fiel, da gab er Befehl seinen Leuten, die hinter ihm waren, mich zu schleppen. Und sie nahmen mich bey Schultern und Füssen, und verfuhren hart mit mir, und ich schrie und heult, aber es war da kein Mitleid noch Erbarmen. So macht der Ritter ein anderes eisernes Thor auf, mit entsetzlichem Krachen, und gieng hinein, und zwey mit Fackeln, und giengen voran. Da trug man mich durch einen dunklen Gang unter der Erde, und nahm der kein End, und mag wohl eine halbe Stund gewesen seyn, daß ich bin geschleppt worden. Hernach kamen wir in ein Dorf, und waren im Dorf viele Wagen und Pferd, und sie banden mir aber Hände und Füsse, und ein Tuch um den Mund, und warfen mich auf einen Wagen, und die Küsten dazu, und fuhren gar eilend davon, und Ritter Cunz nebst den andern, die da mit mir gekommen waren, die satzten sich zu Pferd, und ritten neben dem Wagen her, und fluchten und schwuren, und gieng das in gröster Eil durch dichte Wälder und Gebüsche, auf unebnen Wegen. Und da wir wohl eine Stund gefahren waren, da sah ich Reuter gegen uns kommen, und waren ganz nah, da zog Ritter Cunz sein Schwerdt aus, wand sich gegen mich, und brüllt: Stirb! wann du mein nicht seyn sollst! Da fiel ich aber in Ohnmacht vor Schrecken, das denn auch kein Wunder war, dann er mich gewiß erschlagen, wann ich nicht

wär

wär gerettet worden. Da ich aber zu mir
wieder gekommen war, und die Augen aufge-
than hatt, da schrie ich, o Gott wo bin ich,
und was ist geschehen? und da erblickt ich einen Ritter vor mir, der mir beystund, und erkannt ihn für Ritter Hansen von K***. Ob
ich ihn nicht zu der Zeit für einen Engel gehalten, das weiß ich nicht, so sprach er zu mir:
Förchtet euch nicht mehr, Frau Elsbeth, dann
ihr frey seyd, und euer Feind da liegt, todt vor
euren Füssen. Da sah ich Ritter Cunzen in
seinem Blut, und war ein gar gräßlicher An-
blick, und konnts nicht ertragen. Da sprach
Ritter Hans, wo mir recht wär, so wollt er
zurück kehren zum Schloß, wo seine Leuth wären, und da wir umkehrten, da war das Schloß
ganz im Feur, und sie arbeiteten daran und
blieb kein Stein auf dem andern, bis auf einen Thurn, den sie stehen liessen zu ewiger Gedächtnuß. Und Ritter Hanß sandte Bothen
aus in die Stadt, und ließ ihnen sagen, was
er gethan hätt. So ward ich nun von meinem Jammer befreyt, und so magst du mir
auch wohl gönnen, wann ich aufhör zu schreiben, und ietzt will ich ausruhen, dann ich lang

G 5 genug

genug geschrieben hab, und fast müd bin. Und o des grossen Glückes, daß ich wieder bey den meinen bin. Hab so viel erlitten, daß es fast das geringste gewesen, daß ich Ritter Marquard, meinen lieben Bräutigam, verlohren, der mich fast geliebet hat. So will ich aber seiner Liebe nicht vergessen, und alles das thun, was ich thun kan, um seine Seel zu trösten. Und war mir auch das gar ein geringes, daß ich all mein Geld verlohren, das ich mitgenommen, und wohl 200 lb. gewesen, auch daß ich um meine Kleider, Kleinod und Schmuck, auch um meinen Hausrath, der gut und schön gewesen, gebracht worden. Doch bin ich gar traurig und niedergeschlagen, bey allem dem Glück, worinn ich ietzt bin, wann ich denk, daß ich Ursach bin an Blut und Tod redlicher Leut, die für mich gekämpfet haben. Grüsse mir Ritter Frizen, der wohl auch Mitleid mit mir gehabt haben mag. Will dir bald schreiben, wie ich wieder bin zurückkommen zu den meinen, und wie mich mein Engel und Retter hat heim bracht in die Stadt, und von der grossen Freud, die sie gehabt haben, darüber, daß ich befreyet, und ihr Feind war überwunden worden.

28. An

28. An unserer Frauen Abend zur Lichtmeß.

Item ietzt will ich heut noch schreiben, liebe Teutiche, wie ich bin in die Stadt gebracht worden, das ich dir neulich versprochen hab. Freut mich gar sehr von dir und von Ritter Fritzen, daß ihr grossen Theil habt genommen an meinem Unglück und Elend, und bin ich freylich Erbarmens und Mitleids wohl werth gewesen, dann ich viel leyden müssen, und nur Wunder ist, daß ich noch leb, und nicht alle Sinnen verlohren, das wohl geschehen müssen, wann mir Gott nicht beygestanden, und seine heil. Mutter, und die heil. Elisabeth, zu der ich mich verlobet hatt. Da nun der gestrenge und veste Ritter, Hans von K*** mein Erretter und Schutz-Engel, und seine Leute, die Veste zerbrochen hatten, und zu einem Steinhauffen gemacht, da hat er Befehl gegeben, daß man zurückkehren sollt zur Stadt. Hernach setzt er mich auf einen Wagen, dann ich zu siech war zu reuten, und ließ den machen, daß ich gar bequem fahren konnt, er aber ritt neben dem Wagen, und war gar sorgsam, daß mir kein Leid wiederfahren möcht. So zog ein Theil des Volks voran, und der ander nach, und der führt viel Gefangener, darunter

unter gar fürnehme und gewaltige Ritter gewesen sind, aber Ritter Hans gieng mir nicht von der Seit. So zogen wir nun fortan, und da wir eine Zeitlang gezogen waren, da sahen wir die Stadt von fern, und war mir, als wann mir das Herz hüpft in meinem Leib vor Freuden, dann ich ietzt hoft mein Kind wieder zu sehen, das ich lang verlohren, wo nicht gar tod geschätzet hatt. So ist das meine erste Frag gewesen, an Ritter Hansen, so bald ich nur mich vom Schröcken erhohlet, wo mein Kind sey. Da sagt er, daß es bey meinem Bruder sey, und wie Meze es dahin gebracht hab, das mir gar viel Trost geben, und nicht wenig gemacht hat, daß es bas mit mir worden. Da wir nun nach Gaiblingen kommen waren, da war bey Ritter Berchtold von Kn*** mein lieber Bruder, der Burgermeister, und meine liebe Schwägerin, und deine liebe Schwester, und die Burggräfin von Burtebach, des Ritter Hansens Schwester. Und da war ein gar grosse Freud, daß wir einander wieder sahen, und war ein küssen, und Händedrücken, und fragen ohn Aufhören, so konnt ich noch nicht genug antworten, dann ich zu müd war, und nicht viel konnt reden.

Da

Da nöthigt uns Ritter Berchtold, der gar ein Freund war von meinem Bruder, daß wir mußten bey ihm bleiben und essen, aber das Volk zog langsam voraus, und war der Ritter gar höflich. Hernach gieng auch mein Bruder voraus mit den Frauen, und zogen wir nach. Da wir aber näher zu der Stadt kommen waren, da kamen uns entgegen große Hauffen von Männern, Weibern und Kindern, geritten und gegangen, und jauchzten und frohlockten, und waren aller Augen auf mich gerichtet, und auf Ritter Hansen, und sagt einer dem andern, was ich ausgestanden, und hört ich auch von mir viel lobens und rühmens, das mir fast Freude gemacht hat, und viel Mitleids darüber, daß es so erbärmlich mit mir war anderst worden. So kamen wir nun an in der Stadt, und waren die Gassen, wo wir durchzogen, voll von Leuten, daß ich mich schämte, solche Empörung und Auflauf zu machen. Da führt mich Ritter Hans in das Haus meines Bruders mit den Hauptleuthen, und war auch dabey dein Schwager, Jos der Onsorg, dem Gott alle seine Mühe reichlich wolle vergelten. Amen. Und da traf ich bey meinem Bruder gar viel an, von Ge-
sipp-

sippten und Freunden, da bath sie aber meine Schwägerin, mir Ruh zu lassen, und ein andermal mich zu grüssen, das mir gar lieb war, und gieng auch Ritter Hans mit meinem Bruder und den Hauptleuten auf das Rathhaus, und erzählten einem Ersamen Rath, was sie gethan hatten. So fragt ich nach meinem Kind, und bracht mir das meine Schwester, und kam auch Meze mit, und war das Kind gar wohl auf, da nahm ich es auf das Bett, darein sie mich gelegt hatt, und küßt mit Freuden, und hab vor Freuden geweint, und bin ganz beklemmt, und ausser mir gewesen vor Freuden, daß ich das Kind wiedergesehen, und mußten sie es hinwegnehmen, damit ich nicht Schaden nehmen möcht, von der Beklemmung, an meinem Leben. Da kam Ritter Hans zurück, ich konnt aber nicht mit ihm reden, dann ich fast müd worden mit meinem Kind, und bath ihn, mich oft heimzusuchen, daß ich ihm danken möcht, für alle das, was er um mich gethan hätt. So war ich nun gar siech und krank, aber mein Bruder und meine Schwägerin sorgten gar wohl für mich, und werd ich nun wieder besser, dafür ich Gott dank, und allen Heiligen

im

im Himmel, und denen die für mich Sorge getragen. Seh mir aber gar nicht mehr gleich, und erschröck vor mir, wann ich mich im Spiegel beschau, bin ich gar häßlich, daß auch kein Wunder ist, nach solchen Schröcken und Nöthen, die ich erlitten hab. So hoff ich aber bald ganz gesund zu werden, und alsdann mein Gelübd zu bezahlen, das ich wohl schuldig bin, auch gar gern thun mag. So darfst du nun meinetwegen ohne Sorg seyn, und nur für mich bethen, wie ich es auch für dich thun will, und wohl leben.

29. Am Tag nach dem Aschermittwoch.

Item, hie will ich schreiben, wie es gangen ist, mit den Rittern und erbarn Leuten, die mich und Ritter Marquard begleitet haben, da wir ziehen wollten gen Seyfriedsberg, und die da mit uns sind angegriffen und gefangen worden. Und zwar erstlich, hat Ritter Cunz die denen von Landsperg geben an Soldes statt, und haben sie sich von ihnen müssen lösen mit schwerem Gelde, die aber, die Ritter Hans genommen hatt zu Willenbach, da er die Burg zerbrochen, und mich erlöset hat, die haben sich auch

auch lösen müssen, von einem Ersamen Rath zu Augspurg, und haben schwören müssen, daß sie die Stadt nicht mehr betretten wollten, noch sich an ihr rächen, darum daß sie wären in Fängnuß geleget worden, und einen Brief darum ausstellen und sieglen. So hat auch Herman von Sch***, Ritter Hansens Bruder, gegen die von Landsberg geklagt, bey dem Herzog, darum, daß ihre Reuter dem Ritter Cunzen Beystand gethan haben, den von S*** anzugreiffen, und mein Gut raublich zu nehmen, und hat der Herzog Befehl geben in all seinen Landen, daß die von Villenbach, des Ritter Cunzens Brüder und Vetter und seine Helfer, niemand sollt ätzen, noch tränken, noch hausen, noch hofen. Und ist gesprochen worden, daß die von Landsberg sollten denen von Schellenberg geben 1000 Gold-Gulden, das nicht viel war, und sie weit mehr von den Gefangenen bekommen hatten. So haben die von Sch*** das Geld genommen, und gestiftet einen Jahrtag, und ewige Messe, in der Kirche zu Ziemetshausen, wo sie ihn hinbegraben, zu Trost seiner armen Seelen, und hab auch ich dazu gethan, und viel Seel=Messen für ihn lesen lassen, in den Kirchen zu Augspurg.

Auch

Auch haben sie einen Stein setzen laſſen bey Uſterſpach, auf dem Platz, da er geſtorben war, der gar ſchön iſt, und iſt darauf gearbeitet unſer lieber Herr Gott am Kreuz, mit ſeiner heil. Mutter und dem Pflegvater Joſeph, auch das Wappen der von S*** und Schrift und Jahrzahl zum Andenken des ſchröcklichen Mordes. Und hab ich auch ietzt mein Gelübd entrichtet, und einen gar ſchönen Altar geſtiftet in der Kirche unſer Frauen Brüder bey St. Anna, wo unſere liebe Vorfordere des Geſchlechtes der Egen gar vieles geſtiftet, das ihnen wird reichlich vergolten werden. Nun iſt aber ein Erſamer Rath gar gut gegen mich geweſen, und hat mir gegeben 500 GGulden aus der Beuthe, die da gemacht worden, von Ritter Cunzen bey Villenbach, um des Schadens willen, den ich erlitten hab an meinen Gütern, daß ich damit anfieng, was ich wollt. So iſt mir noch übrig, Ritter Hanſen zu danken, und ihm zu vergelten alle die Arbeit, die er meinetwegen gethan hat, und iſt das eine gar ſchwere Sach, und fordert viel Nachſinnens, dann ich ihm nicht genug werd danken, noch ihm vergelten, auch wann ich ihm geb all meine Hab. So hat er auch das nicht nöthig, dann er ſelbſt mehr hat als ich, und gar

H reich

reich ist und mächtig. Und beweiset er mir noch viel Lieb und Freundschaft, und suchet mich alle Tag heim, fragend nach meiner Gesundheit, und thut das auch gar fleißig seine Schwester. So bin ich nun aber wieder wohl auf, und erhohl mich zu Kräften, auch bin ich nicht mehr so schröcklich und erbärmlich anzusehen, als ich gewesen, das ich meiner Schwägerin dank, die mir gar viel Lieb und Sorg erzeiget. Nur hab ich oft schwere Stunden, wann ich denk an das, was ich hab ausgestanden, und daß meinetwegen Ritter Marquard erschlagen worden, und andere redliche Leut, das mir gar leid thut. Auch macht mir das bang, daß die Landleuth sagen, daß sie Ritter Cunzen bey Nacht gesehen hätten, als ein feurig Gespenst, auf dem Steinhauffen zu Villenbach, und hätten gehört ein schröcklich Gerassel von Ketten, das auch wohl seyn mag, dann er dahin gefahren in seinen Sünden, und will ich auch für ihn Messe lesen lassen, daß Gott seiner Seel gnädig seyn, und ihr eine fröhliche Urständ verleyhen wolle. Amen. So sagt der P. Joseph, daß ich nichts bessers thun könnt, als das, und spricht mir aber zu, daß ich in ein

Kloster

Kloster gehen sollt, zum Heil meiner Seelen, dazu ich auch wohl Lust hätt, wie vormals; so hält mich aber ein Stück zurück, das ich nicht schreiben kan, und muß ich darüber mit meinem Bruder noch zu Rath gehen. Jetzt aber weist du alles, liebe Teutiche, was sich mit mir verlauffen hat, und bin ich froh, daß ich nichts mehr zu schreiben hab, dann mir gar schwer fällt, daran zu denken. Und hoff ich jetzt, daß ich werd meine Sünden gebüsset haben, und daß mir Gott Ruh und Fried wird geben, so lang ich noch leb. Und das will ich auch dir wünschen, und Ritter Frizen. Gehab dich wohl.

30. Am Donnerstag nach Ostern.

Bist wohl begierig, liebe Teutiche, zu wissen, was mich abhält, in ein Kloster zu gehen, und merk ich wohl, was du denkest, aus dem was du schreibest, und mag auch wohl seyn, daß etwas daran ist, an dem was du glaubest. So will ich dir nicht verhalten, daß ich mit meinem Bruder gesprochen hab, von dem, was P. Joseph zu mir gesagt, und hat mein Bruder geantwortet, und auch seine Frau das gemeint, daß ich jetzt noch nicht daran an denken sollt, und sollt allein sorgen, wie ich Ritter Hansen möcht danken, darum, daß er sich viel genietet hätt um meinetwillen. Da fragt ich sie, wie sie das meinten, und was ich thun sollt. So sagt mein Bruder, daß er oft den Ritter darum angesprochen, der hätt ihm aber gesagt, daß er gar nichts wollt, und daß er mit mir sprechen möcht, und vermuth er wohl, das er eben das wollt, was er vor einem Jahr gesucht hätt, und wann das wär, so wollt er mich gar fast bitten, ihm das nicht zu versagen, da stellt ich ihm vor, daß mir das würd gar übel gedeutet werden, daß ich mich zum drittenmahl wollt verloben, und das in so kurzer Zeit, und wär mir Ritter Marquard wohl lieb gewesen, daß ich ihn noch nicht vergessen könnt. So sagt er, daß er das nicht meynt, und möcht ich gar wohl an ihn gedenken, so lang ich lebt, so möcht ich aber auch denken, was Ritter Hans um mich gethan hätt, und daß er mich gar lang schon lieb hätt, und daß er gar ein vester und erbarer Mann wär, der von jedermann geliebt und fast hoch geschätzet würd. Da antwortet ich ihm, daß wann ich auch es nicht abschlagen wollt,

wollt, so müßt er doch sagen, daß es jetzt noch wider die Erbarkeit wär, das einzugehen. Da sprach er: Sey noch mehr gegen die Erbarkeit, laͤng den Dank zu verschieben. So rath er mir nun, den Ritter wissen zu lassen, zu mir zu kommen, und ihn zu fragen, was er zum Dank verlang, und das zu thun, was er begehrt, dann ich es wohl zu thun schuldig waͤr, und haͤtt er gar keinen Zweifel, daß wann der Ritter das wollt, und ich es verlangt, er es gern geheim halten wollt, so lang ich wuͤnscht. Und das alles sagt auch meine Schwaͤgerin, und sprach mir zu, gar schmaͤuchlend, wie sie dann gar gut reden kan, und alles weis machen was sie will, und liessen mich nicht in Ruh, bis ich ja dazu sagt. Nun will ich aber auch hoͤren, was du dazu sagen wirst, meine liebe Teutsche, und will dir aber nicht verhalten, doch daß du ja niemand davon sagest, daß es mir nicht ganz zuwider ist, darum, daß Ritter Hanß gar ein biderber frommer Mann und fast strenger Ritter ist, und mir schon vormals schwer gefallen zu waͤhlen, zwischen ihm und Ritter Marquard, und hab ich ihn hochgeachtet, so lang ich ihn kenn. So muß

muß ich auch ſagen, daß das Kloſter mir nicht recht will anſtehen, und hoff ich, daß meinem Heil nicht ſchaden ſoll, wo ich in der Welt bleib, dann es hart wär, wann das wär, für gar viele Menſchen. Glaub aber noch nicht recht, daß Ritter Hanß noch ſo denk, wie er vormahls gedacht hat, und wird er mich wohl jetzt auch nicht lieben, da ich ihm einen andern vorgezogen, zumahl ich gar nicht mehr bin, was ich geweſen, und mir die Schröcken nnd Gefahren nicht viel übrig gelaſſen von dem, was man an mir ſonſt geachtet, wiewohl ich allemal ſag, daß ich nie ſchön geweſen. So muß ich aber hören, was er verlangt, und erfordert der Dank, daß ich eingeh das, was er begehret, auch wann er es weniger werth wär, als er es iſt, für alle die Müh und Arbeit, die er für mich gethan hat. So magſt du mir nun auch rathen, und für mich bethen, das ich dich gar oft bitt. Gehab dich wohl, und grüſſe mir deinen Mann, und küſſe mir deine liebe Kinder.

―――

31. Am

31. Am Montag nach St. Johannes Tag, zur Sonnenwende.

Gibst mir einen Rath, liebe Teutsche, den ich mir fast von dir vermuthen gewesen, weil ich weiß, daß du mich gar lieb hast, und dich freust, wann es mir wohl geht, gleichwie du mich bejammert hast, da ich lag in Unglück und Elend, muß dir auch alles eingestehen, was du schreibst, warum ich deinem Rath soll folgen. Nun will ich dir aber bekennen, daß ich deinem Rath bin gefolgt, noch ehe du mir ihn gegeben hast, dann mein Bruder und meine Schwägerin fast mir zugesetzt haben, daß ich nicht länger aufschieben sollt, dem Ritter zu danken. Dann wie wohl das geschehen mit Mund und Hand, so hab ich doch nie mit ihm besonders geredet, noch ein Geschenk ihm geben. So hab ich ihn nun bitten lassen, durch meinen Bruder, zu mir zu kommen, das ihm grosse Freud gemacht hat, daß ich ihn hab bitten lassen. Und hab' ich damals zum erstenmal wieder ein gutes Gewand angezogen, obwohl ich noch leid trag um Ritter Marquard, und hat mir meine Schwägerin geschmäuchelt, daß man mir nichts mehr anseh von meinem Kummer,

mer, und daß ich wieder fast gut aussch, auſſer mehr Ernst. So iſt aber das erſte nicht wahr und geſchmäuchelt. Da iſt nun Ritter Hans gekommen, gar hbflich und beſcheiden, und bin ich allein bey ihm geblieben, und ihm Meth und Brod vorgeſtellt. Und nachdem ich allerley weiſe mit ihm geredet und geſprochen, da ſagt ich zu ihm: daß es nun die Zeit wär, daß ich ihm recht dankt für die viele Arbeit und Gefahr, die er meinetwegen gethan und auf ſich genommen, und ſchäm ich mich faſt, daß es noch nicht geſchehen, das nicht hätt ſeyn mögen, um des Siechthums willen, das ich ausgeſtanden. So wüßt ich nun gar wohl, was ich ihm zu danken hätt, und daß ich um Ehr und Leben gekommen wär, wo er mir nicht beygeſtanden, und mich hätt errettet von meinem Elend, wüßt aber nicht, wie ich es angreiffen ſollt, ihm zu danken, und ihm zu vergelten, ſo ſehr ich auch nachgedacht hätt, und wollt alſo ihn ſelbſt bitten, daß er mir ſagen möcht, womit ich ihm danken könnt, wie er das meinem Bruder verſprochen hab. Da ſprach der Ritter zu mir: Müſſet nicht wähnen, Erſame, liebe Frau, an das, was ich ge-

thau

than hab. Wann ich ietzt euch befreyet hab von eurem Jammer, damit, daß ich mich selbst in Gefahr gesetzt hab meines Lebens, so sollt ihr allein denken, daß das alles geschehen sey darum, daß ich euch lieb. Hernach fuhr er fort: Sey ihm zwar ietzt, da er das sag, mehr bang vor mir, als vorhin vor Ritter Cunzen, dann er noch zweyfle, ob er mein werth sey. Aber Ritter Marquard leb nicht mehr, den ich geliebt hab, und sey leyder umkommen, und sey er der Zähren werth, die ich um ihn vergossen hab. So hab er auch um ihn geweint, denn er sonst ein guter Freund von ihm sey gewesen, ja wenn er noch lebte, so wollt er ihm gar gern das Glück gönnen, das er vor ihm erhalten hab. Da er aber tod sey, so mach ihm das wieder Muth, mich um meine Lieb und Gunst zu bitten, und soll die der Dank seyn, darum er mich fleh, wann ich ja denk, daß er Dank verdienet hab. Und sollt ich denken, daß wann ich ihm meine Lieb woll schenken, daß er alsdann sich für den glücklichsten Ritter halten werd. Da hat mir nun dieser Spruch gar wohl gefallen,

fallen, und hab ihm das geantwortet: Lieber Ritter, Eure Frömmigkeit und erbarer Wandel sind so bekannt und gepriesen, daß sie von jedermänniglichen gar hoch geschätzet werden. Nun hab ich auch das gethan, und bin ich vormahls gar lang im Zweifel gewesen, ob ihr nicht verdienet den Vorzug vor dem Ritter Marquard, den Gott tröst, und weiß ich selber nicht, was mich bewogen, ihn vor euch zu wählen, und seyd ihr aber für jetzt mir noch viel lieber, als ihr vormals gewesen. So muß ich aber sagen, und euch gestehen, daß ich jetzt nicht mehr in meinen guten Jahren, und wohl schon grau bin, von den Nöthen und Trübsalen, die ich erlitten hab, die ihr wohl wißt, und daß also meine Hand nicht werth genug ist, um euch dadurch zu lohnen und zu danken. Da antwortet der Ritter mit gar höflichen Worten und sagt, wann es auch wahr wär, was ich gesagt hätt, das ich doch nur aus Bescheidenheit thät, die mir gar eigen wär, so wollt er dennoch nicht darnach fragen, und mich lieben, dann das nicht sein Absehen wär, und ihm meine Frömmigkeit und erbarer Wandel mehr als alles lieb wär, und bath er mich nochmals

aus dem 15 Jahrhundert. 123

mals, ihm nicht zu versagen, warum er mich
anflehet. Da sprach ich nun: Lieber Ritter,
wann ihr wähnet, daß es ein Glück sey, euch
mit mir zu verbinden, das ich kaum glauben
kan, so will ich euch gern gestehen, daß ich es
für mich zu seyn achte, wann ihr mich liebet,
und da gab ich ihm die Hand, und war er gar
vergnügt darüber. Hernach hab ich den Ritter gebethen, davon still zu seyn, bis daß ich
das Leid abgelegt um Ritter Marquard, und
hat er mit das versprochen, und sollen wir erst
in drey Monden die Hochzeit vollziehen, und
hat er mich darauf verlassen. Hab darauf gar
ernstliche und trübe Stunden gehabt, und lang
dem nachgedacht, was mir iezt in drey Jahren wiederfahren, und ist mir mein Leben wie
ein Traum vorkommen. Hab frohe Tag
gehabt, bin hernach betrübt worden, da mein
Heinz gestorben. Bin wieder fröhlich gemacht
worden durch Ritter Marquard, und in den
grösten Jammer versunken durch seinen Todschlag. Hernach hat mich Ritter Hans herausgerissen, und was mir iezt noch vorsteht,
das weiß Gott, und dem will ich es heimstellen. Hab mir vorgesetzt, ihn zu ehren, mei-

nen

nen Mann und Kind lieb zu haben, und meinen Pflichten zu folgen. So jung ich noch bin, dann ich noch nicht 25 Jahr alt, ist mir doch die Jugendlust wohl vergangen, durch das was ich hab erdulten müssen, und werd ich vor der Zeit ernsthaft und alt werden. So alt ich aber auch seyn werd, und ob ich glücklich oder unglücklich seyn mag, so will ich doch meine Teutiche lieb haben, die mich auch lieb hat, und sich freuet, wann es mir wohl geht. Das bitt ich dich noch, daß du auch noch niemand sagest von dem, was ich dir geschrieben hab, auch deiner Schwester nichts merken lassest, dann sie eine gute Frau ist, aber nicht schweigen kan.

32. Am Donnerstag nach St. Laurenzen Tag.

Hab dir schon lang nicht geschrieben, liebe Teutiche, und war das, weil ich nichts zu schreiben gewußt hab, und ist mir fast lieb, daß ich nichts gewußt hab, dann ich dir nicht oft solche Brief schreiben möcht, wie vor einem halben Jahr geschehen ist. Nun sagt mir aber deine Schwester, daß du gar siech seyest, das mir gar leid thut, und ich von Herzen wünsch, daß du bald wieder genesen mögest, wie ich bin. Nun bin ich aber allein, und ist Ritter Hans nach K*** zogen auf sein Schloß, und will dort Ordnung machen, eh dann er mich dahin bringt, und haben wir beschlossen, die Hochzeit hier zu halten in Augspurg, bey meinen Freunden. Doch ist mir gar nicht bang, und wird mir deine Schwester nimmer Muth machen, zur Hexe zu gehen, doch ist mir noch in Gedächtnuß, was sie geweissaget, und hoff ich, daß ich ietzt soll sattsam geweinet haben. So wollen wir aber die Hochzeit gar in der Still halten, und niemand dazu bitten, als unsere nächste gesippte; so sagt man schon gar viel davon in der Stadt, doch aber nichts böses, das mir lieb ist. Werd ja besser liebe Teutsche, und mach, daß du zu mir kommen kanst, eh ich noch weiter geh, und daß du bey der Hochzeit seyn mögest.

33. Am St. Gallen Tag.

Ist mir recht leid, daß du noch immer nicht wohl auf bist, und daß ich dich auch ietzt nicht sehen soll, das hernach immer schwerer seyn

seyn wird, wann ich einmal nach K*** geh,
das bald geschehen wird, dann in vierzehen
Tagen die Hochzeit ist, und wir hernach bald
gehen sollen. Nun ist Ritter Hans glücklich
wieder kommen, von seiner Reiß, wie ich wohl
gewünscht und gehoffet hab, und haben wir
grosse Freud gehabt, da wir einander wieder
gesehen. Ist ietzt wieder unruhig in der Stadt,
und sind die Herzoge wieder hier, haben Ste=
chen und Tänze angestellt, so mag ich aber bey
der keinem seyn, wiewohl alle Geschlechter und
Frauen und Jungfrauen, und viel Fremde von
Adel dabey sind, darum daß ich keine Freude
mehr daran hab. Schreib mir ja bald, daß
du besser bist, liebe Teutiche, dann mir dein
Siechthum übel zu Mnth macht. Auch läßt
dir Ritter Hans das wünschen, den du nicht
kennest. Nimmt ihn wohl Wunder, daß wir
schreiben, und sagt er, daß er nie der Art
Frauen gekannt hab.

32. Am Tag nach St. Andreas Tag, des h. Zwelffbothen.

Ist recht traurig, daß es noch nicht besser
mit dir werden will, und macht mir das

viel

viel Sorg, bey meiner Freud, die ich hätt, wenn du auch wohl genesen wäreſt. Jetzt bin ich Frau von K***, und vor vier Tagen eingeſegnet worden, und hat das gethan der würdig Herr Dom-Dechant zu unſer lieben Frauen, der ein naher Vetter iſt zu meinem Mann, in St. Anton Capelle, die mein Vater geſtiftet hat, auch darinn begraben liegt, mit meiner Mutter. Item hernach haben wir eine Mahlzeit gehalten, und iſt es gar ſtill und erbar dabey zugangen, doch geſcherzt worden, und guter Muth geweſen. Sagen alle Leuth, daß ich glücklich ſey, und bin ich auch gar froh, dann mich Ritter Hans faſt ehret und liebet, und thut das auch die Frau Burggräfin, ſeine Schweſter, und alle geſippte, die hieher kommen ſind zur Hochzeit. So wollen wir nun nach dem neuen Jahr abreyſen von hier, im Nahmen Gottes und aller Heiligen, und förcht ich mir nicht ſehr darauf, dann ich weiß, daß Ritter Hanß keinen Feind hat, und daß man ihn allenthalben liebet, und ſobald ich werb anlangen zu K***, will ich dir wieder ſchreiben. Laß mir aber ja bald wiſſen, daß du wieder geſund biſt, und will ich fleiſſig um

dich

dich bethen, daß du bald gesund werden mögest.

34. Am Montag nach Lichtmeß.

Hoffe, liebe Teutiche, daß du jetzt wieder recht gesund, und von deinem Siechthum befreyt seyn mögest, wiewohl ich von deiner Schwester gehört hab, da ich Urlaub von ihr genommen, daß es noch nicht besser werden woll, das ich aber ietzt hoff und wünsch. Hab dir lange Zeit nicht schreiben können, weil ich wohl in Unruh gewesen, und nach K*** gezogen, und ist das schon vor drey Wochen geschehen; so hab ich aber zum einpacken und Urlaub nehmen, und zum auspacken und einrichten wohl Zeit nöthig gehabt. Ist mich hart ankommen, Augspurg zu verlassen, und so viel gute Freund, und hab ich wohl geweint, da ich Urlaub genommen von meinen gesippten, und haben sie auch fast geweint um mich, und ist mir auch in Sinn kommen alle das Unglück, das ich vormals erduldet, da ich daraus gezogen, wiewohl ich kein Angst noch Kummer für diesesmal gehabt hab, so hat mich Ritter Hansens Lieb und Gunst, und das Zutrauen, das ich zu ihm gehabt, gar fast

stark

stark gemacht. Haben keinen grossen Zug mit uns genommen, und sind wir ganz sicher und ohne Gefahr dahin zogen, und in vier Tagen, dann wir langsam ziehen wollen, gar glücklich und gesund zu K*** angelangt, und auch mein liebes Kind, das ietzt gehen und schwatzen kan, und mir gar lieb ist, dort glücklich mit uns ankommen. Da bin ich nun von Ritter Hansens gesippten und Nachbarn gar wohl empfangen, und mir grosse Ehr erzeigt worden, und hab ich sie wieder hoch geehrt, als gar erbare und bescheidne Leuth, und hoff ich, gar freundlich mit ihnen zu leben. Auch haben die arme Leuth des Ritters, und Hintersässen, mir grosse Freud bezeuget, mich zu sehen, den ich gar gern alles liebes erzeigen will. Das Schloß ist gar schön und vest, da wir wohnen, und sagen sie, es sey vor vielen Jahren von Ritter Cuno, der aus Welschland gewesen, und von dem die von K*** abstammen, erbauet worden, und hab vor Zeiten CunosEck geheissen. Liegt auf einem Berg, in einer gar schönen Revier, und ist eine Freud, da zu wohnen. So hab ich mich nun ganz eingehauset, und werd gewohnt, auf dem Land zu seyn, und

J die

die Stadt zu vergessen, und das auch darum, weil mich mein Mann lieb hat, und mein Kind mir viel Freud macht; Und hat Ritter Hans gar schönes Jagen um das Schloß her, das er sehr liebet, auch haben wir schönes Vieh in unsern Ställen und viel Obsbäume in unsern Gärten und grosse Fischteiche, und ist Ritter Hans gar ein friebliebender Mann mit seinen Nachbarn, und führt nicht leicht Krieg mit ihnen, sey dann, daß er angegriffen werd, das nicht leicht geschiehet, dann sie ihn alle lieb und werth halten. So geht mir dann nichts ab, und dank ich Gott und allen Heiligen, daß sie mir ietzt Ruhe bescheret, nach den grossen Trübsalen, die ich erlitten. Ist mir gar wohl, und fehlt mir nichts, als daß ich hören möcht, daß du auch wieder wohl seyn mögest, das mich fast anficht. So thu doch alles, was du thun kanst, daß du wieder gesund werdest, und will ich auch darum gar fleissig bethen. Laß dich aber nicht wundern, wann du nicht so viel Brief mehr von mir bekommen wirst, dann ich ietzt weiter von dir bin, und nicht immer Zeit hab, noch Mittel, den Brief fortzuschicken. So wünsch ich dir

noch

noch einmal, daß du ja bald mögest genesen, das mich gar freuen soll zu hören.

* * *

Dieses ist der letzte Brief von der Frau von K*** an die Frau Teutsche Vetterin. Aus andern Nachrichten ist zu ersehen, daß diese nach einer langwührigen Krankheit gestorben sey, und dadurch dieser Briefwechsel ein Ende genommen habe. Die Frau von K*** aber hat ein hohes Alter erreicht, doch aus dieser Ehe keine Kinder erziehlet.